...mehr als Kraut und Rüben

Gesamtherstellung:
Vebu-Verlag GmbH, Berlin
Gestaltung, Schrift, Rezepte,
Illustrationen, Verse, Titelbild.
Dorothea Haselkamp

www.vehlingbuch.de

Der Inhalt im Überblick

I. Gerichte und Menüs für alle Tage

Vorschläge für fleischloses Essen
mit kleinen Raffinessen.

II. Leichte Kost mit geringem Energiegehalt

Etwas weniger ist oft mehr,
mehr an Gesundheit und Wohlergehen.

III. Kleine Imbisse für gesellige Abende

Rezepte für Stunden der Muße
und Entspannung.

Zum Inhalt

Man muss kein Vegetarier sein, wenn man wöchentlich an ein bis zwei Tagen auf Fleischmahlzeiten verzichtet.

Eine zeitweilige freiwillige Einschränkung von Fleischspeisen bedeutet eine Entlastung der gesamten Organe, insbesondere der Organsysteme, die an der Verdauung beteiligt sind. Gesundheit und allgemeines Wohlbefinden werden dadurch gefördert und unterstützt.

Ich möchte mit diesem Buch, wozu Sie, die Leser der Dorothea Kochbücher, den Anstoß gegeben haben, eine Auswahl von Rezepten für fleischlose Gerichte und Menüs anbieten. Es sind Vorschläge für leichte und bekömmliche, abwechslungsreiche und vielseitige Mahlzeiten.

Damit die fleischlosen Tage auch tatsächlich unserem gesundheitlichen

Wohlbefinden dienen, besitzen die Menüvorschläge ausgewogene Nährstoffzusammensetzungen. Das heißt: Sie enthalten genügend vitamin- und mineralstoffreiche Gemüse und Salate, sättigende Kartoffel-, Nudel- oder Reisgerichte und eiweißspendende Milch- oder Eierspeisen.

Ich hoffe, dass dieses Buch Sie anregen wird, die Vielfalt und Schmackhaftigkeit der fleischlosen Küche schätzen zu lernen.
Viel Spaß beim Ausprobieren und Genießen.

Dorothea Haselkamp

Gerichte und Menüs für alle Tage

Vorschläge für fleischloses Essen mit kleinen Raffinessen

Allerlei vom Ei ...

Eier- und Mehlspeisen

Ob auf dem Frühstückstisch, als leichtes Mittagsmahl oder als Abendessen: Eier- und Mehlspeisen lassen sich so vielseitig und schnell zubereiten, dass sie zu jeder Tageszeit und zu jeder Gelegenheit anders serviert werden können.
Ein weiterer Vorteil: Sie schonen die Haushaltskasse.
Eierspeisen passen zu Blattsalaten und knackigen Rohkostsalaten, sie harmonieren mit warmem Gemüse, mit Kartoffeln, Reis und Brot.

Pochierte oder verlorene Eier

1 l Wasser mit 1 Tl Salz und 2-3 EL Essig zum Kochen bringen.
Die Eier einzeln in eine Kelle oder Tasse schlagen und langsam in das siedende Wasser gleiten lassen. Nach 4-5 Min. ist das Eiweiß geronnen. Die Eier sind gar und können mit einem Schaumlöffel vorsichtig aus dem Wasser genommen werden.

Serviervorschläge für pochierte u. gekochte Eier...

Die abgetropften, pochierten Eier oder die gekochten, gepellten Eier können mit unterschiedlichen warmen und kalten Soßen angerichtet werden. Durch die verschiedenen Soßen erhalten die Eiergerichte eine individuelle Geschmacksnote. Harmonierende warme Soßen finden Sie auf den folgenden Seiten.

Warme Soßen

Je nach Belieben kann man bei der Zubereitung der Soßen von der hellen Grundsoße ausgehen oder man setzt Halb- oder Fertigprodukte ein.

Halbfertigprodukt „Helle Soße Holländer Art"

Soßenpulver in 1/4 l Sahne einrühren, zum Kochen bringen u. 50 g Butter unter Rühren darin schmelzen lassen. Individuell abschmecken.

Die helle Grundsoße, 4 Portionen

30 g Butter in einem Topf erhitzen.
1 geh. Zwiebel darin goldgelb dünsten.
30 g Mehl auf einmal einrühren u. anschwitzen.
1/2 l Brühe, Milch oder halb u. halb unter Rühren zufügen.
4 Min. köcheln lassen. Mit Gewürzen abschmecken.

Kräutersoße

Die Grundsoße mit Salz, Pfeffer, Zitronensaft, Sahne oder Crème fraîche abschmecken.
2-3 EL Kräuter zufügen. Mit
1 Eigelb legieren. Danach nicht mehr kochen.

Käsesoße

2 Eckchen Käse oder 125 g geriebenen Käse in der Grundsoße schmelzen lassen. Mit
1-2 EL Schmand verfeinern und abschmecken.

Senfsoße

Die Grundsoße mit Instantbrühe herstellen, mit reichlich Senf, Sahne, Sherry abschmecken, mit Eigelb legieren.

Tomatensoße

Grundsoße mit gehackten Zwiebeln und Brühe zubereiten. Mit Salz, Pfeffer, Tomatenmark, Kräutern und Parmesan abschmecken. Durch Chilischoten wird die Soße feurig.

Soßen ohne Mehl und Tadel

Gorgonzolasoße

250 ml Schmand in einen Topf geben.
125 g Gorgonzola (Blauschimmelkäse) in Stücke schneiden und zufügen. Unter Rühren erhitzen. Mit Zitronensaft, Pfeffer u. Salz würzen.
Wer die Soße intensiver liebt, nimmt Schmand und Käse zu gleichen Teilen.

Amerikanische Soße

4 EL Sahne, 4 EL Schmand,
2-3 EL Ketchup, 2-3 EL Tomatenmark unter Rühren erhitzen. Mit
2 EL Sherry und 1 EL Zitronensaft würzen.

Tatarensoße

1 Becher Schmand unter Rühren erhitzen.
1 EL Kapern, 2 EL Schnittlauch, 1 gekochtes
Ei und 4 kleine Gewürzgürkchen fein gewürfelt zufügen. Mit Salz u. Pfeffer würzen.

Eiersalat mit Avocados und Melonen

6 Eier hart kochen, schälen, in Scheiben schneiden.
2 Avocados schälen und würfeln und ca.
2-300g Melonen-Fruchtfleisch in Stifte schneiden. Avocados u. Melonen mit Zitronensaft beträufeln.

Marinade: 3 EL Weinessig mit etwas Salz, Pfeffer und Zucker mischen. 3 EL Öl unter Rühren zufügen.
Eischeiben auf einer Platte anrichten.
1 kleine rote gewürfelte Zwiebel, Avocadowürfel und Melonenstifte mit der Marinade mischen, auf den Eiern verteilen. Mit
30g gehackten Walnusskernen und
½ Bund Schnittlauchröllchen bestreuen.
Dazu schmeckt warmes Stangenbrot mit Butter.

Variationen: Statt Melonen 2 Äpfel in Stifte schneiden. Die Marinade kann durch nebenstehende Soßen ausgetauscht werden. Kalt zubereiten. Die Eischeiben nur in der Plattenmitte mit Soße überziehen.

Florentiner Eier

3 El	Pinienkerne in etwas Butter leicht rösten, aus der Pfanne nehmen.
1	Scharlotte würfeln, in Butter goldgelb braten.
300g	TK-Spinat bei Zimmertemperatur auftauen lassen, mit der Zwiebel mischen. Mit Salz und Muskat abschmecken. Auf 4 Portionsförmchen verteilen. Mit
100g	Käse überstreuen. Jeweils in die Mitte des Spinatbettes
1	rohes Ei setzen, leicht mit Salz würzen, mit den Pinienkernen bestreuen. Bei 200°C etwa 10 Min. im Backofen überbacken. Zu Reis, Kartoffeln oder Nudeln servieren.

Eier - Erbsen - Frikassee

4 Portionen

600 g	TK-Erbsen unaufgetaut in kochendes Wasser geben, gar kochen, über ein Sieb schütten.
2	Zwiebeln in
30 g	Butter glasig dünsten.
25 g	Mehl anschwitzen, mit
1/4 l	Instantbrühe ablöschen. Unter häufigem Umrühren 5 Min. köcheln lassen.
1	Becher Schmand und
100 g	Kräuter oder 1 Pckg. TK-8-Kräuter-Mischung unterrühren. Mit
Salz,	Pfeffer und Muskat abschmecken. Soße auf eine Platte füllen.
8	hartgekochte, gepellte, geviertelte Eier vorsichtig mit den Erbsen mischen und über die Soße geben.

Das Gericht kann sowohl warm als kalt gereicht werden. Es passt zu Brot, Kartoffeln, Reis u. Nudeln.

Rührei

2 Portionen

4 Eier mit
6 EL Milch und etwas Salz verquirlen.
20 g Butter in einer Pfanne erhitzen. Die Eimasse in die Pfanne gießen, leicht am Pfannenboden stocken lassen.
Mit einem Küchenfreund strichweise über den Pfannenboden ziehen, so dass der Teig grobschollig gebacken wird.

Soll das Rührei mit Mehl zubereitet werden, gibt man zu 3 Eiern 1 EL Mehl u. 1/8 l Milch oder Mineralwasser.

Abänderungen:

200 - 250 g Champignons scheibeln, in Butter braten, und die Rühreimasse darüber geben.

Nach dem Backen mit Kräutern überstreuen.

- Spargelstangen in 1/2 cm breite Schnitzel schneiden, in heißer Butter unter Wenden gar dünsten, mit Eimasse übergießen und mit Kräutern anrichten. Oder Spargelstückchen aus der Dose einsetzen.
- 4 Tomaten enthäuten, entkernen, würfeln. Die Tomatenwürfel kurz in heißer Butter dünsten, mit Eimasse übergießen, mit gehackten Kräutern anrichten. Dazu passt Brot u. Salat.

Sonntagstoast

4 Eier mit 1 Pr. Salz und
8 EL Milch verschlagen.
40 g Butter in einer Pfanne erhitzen. Die Eimasse in die Pfanne gießen, als Rührei zubereiten. 2 Scheiben Toast toasten, mit ein wenig Butter oder Kräuterbutter bestreichen, mit je 1 Scheibe Käse belegen, mit Rührei bedecken, mit geh. Kräutern überstreuen.

Tomaten mit Rühreifüllung

4 Portionen, serviert zu überbackenen Kartoffeln oder zu Kartoffelpüree oder als leichtes Abendessen zu Stangenbrot.

4 große Fleischtomaten, Deckel abschneiden, Tomaten aushöhlen.
10 Oliven in Scheibchen schneiden.
6-8 Eier mit
60 g geriebenen Parmesankäse und
3 EL Crème fraiche verrühren, mit Pfeffer, Salz und Thymian abschmecken.
1/2 Bd. Petersilie hacken. Die Hälfte davon mit den Oliven zur Eimasse geben.

Aus der Eimasse ein lockeres Rührei zubereiten. Die Tomaten damit füllen, Butterflöckchen aufsetzen. In eine Auflaufform geben

und die Tomaten ca. 3 Minuten bei 200°C überbacken. Sofort servieren.
Beim Füllen übriggebliebenes Rührei mit anrichten. Mit der restlichen Petersilie bestreuen.

Eier-Champignon-Pfanne

400 g Champignon aus der Dose gut abtropfen lassen. In einer großen Pfanne
40 g Butterschmalz erhitzen. Die Champignons darin braten, mit gehackter
Petersilie überstreuen, dann zur Seite schieben.
4 Eier in eine Pfanne schlagen und als Spiegeleier braten. Das Eiweiß mit Salz und Eigelb mit Paprika bestreuen.

Die Eier-Champignons mit Brot servieren und dazu einen Salat reichen.

Eierpfannkuchen

Grundrezept

1/4 l Milch, 2 Eigelb und 1/2 TL Salz werden verschlagen und mit
100 g Mehl vermischt. Zur Lockerung des Teiges werden
2 Eiweiß zu Schnee geschlagen und kurz vor dem Backen untergehoben.

Der Teig wird in eine Pfanne mit heißem Fett gegeben und von beiden Seiten gleichmäßig goldgelb gebacken.

Die Menge reicht für 3 - 4 Portionen.

Soll der Teig mit einem Ei zubereitet werden, erhöht sich die Mehlmenge um 25 g.

Werden ganze Eier verschlagen, kann zur Lockerung etwas Backpulver zugefügt werden.

Eierkuchen mit Spinat

100 g feingeschnittener roher Spinat wird vor dem Backen mit dem Eierkuchenteig vermischt.

Hervorragend für die Resteverwertung:

Leineweber,
das sind Eierpfannkuchen mit Kartoffelscheiben

Hierfür werden gekochte Kartoffeln in Scheiben geschnitten und nebeneinander in eine Pfanne mit heißem Fett gelegt und einseitig leicht angebraten. Dann Teig darüber gießen und von beiden Seiten hellbraun backen.

Eierkuchen mit Nudeln

125 g Mehl, 1/8 l Milch, 1 Pr. Salz, 1 TL Backpulver verrühren, mit
100 g gegarten Nudeln mischen und hiervon in einer Pfanne runde Plätzchen backen.

Omelett
2 Portionen

4 Eiklar mit etwas Salz zu Schnee schlagen.
4 Eigelb, 1 EL Milch, 1 EL Mehl u. nach Belieben
2 EL Kräuter miteinander verrühren, vorsichtig unter den Eischnee heben.

Butter in einer Pfanne erhitzen, die Hälfte des Teiges in die Pfanne geben und sofort zudecken. Bei mittlerer Hitze nur einseitig garen. Wenn die obere Seite trocken ist, ist das Omelett gar. Von dem Teigrest das 2. Omelett backen.

Füllen:

Die abgeschmeckte Füllung wird auf die eine Hälfte des Omeletts gelegt und die zweite Hälfte über die Füllung geklappt. Die Füllung mit möglichst wenig Soße zubereiten.

Anregungen für Füllungen

500g Gemüse reichen für ca. 3 Portionen. Geeignete Gemüsearten: Spargel, Lauch, Kohlrabi, gedünstete Erbsen, Blattspinat, gebratene Zwiebeln mit Pilzen. Das Gemüse mit ein wenig Rahmsoße überziehen.

Hefepüfferchen oder Struwen

4 Portionen

250g Mehl, 1 Pr. Salz mit reichlich 1/4 l Milch mischen.
20g zerbröselte Hefe, 2 EL Zucker und
4 Eier unterschlagen. Die Schüssel mit dem Teig zugedeckt an einem warmen Ort etwa 1/2 Stunde aufgehen lassen. Ca.
80-100g gewaschene Rosinen zufügen. Von dem Teig runde Plätzchen abbacken.

Hefepüfferchen oder Karfreitags-Struwen sind ein altes Münsterländer Nationalgericht. Sie werden nach alter Sitte mit Apfelkompott u. einer Wein- oder Biersuppe serviert.

Palatschinken mit Haube serviert mit Sauerkirschen

ca. 6 Port.

Teig:

40 g	geschmolzene Butter in eine Schüssel geben
1	Ei, ½ l Milch, 30 g Zucker, 1 Pr Salz zufügen und verrühren.
270 g	Mehl unterrühren. 20 Min. quellen lassen.
1	Glas Sauerkirschen über ein Sieb schütten.
5 EL	Saft mit 1 EL Speisestärke glatt rühren. Rest Saft mit 30 g Zucker aufkochen. Stärke einrühren, aufkochen, Kirschen unterheben und in eine Schüssel füllen.

Aus dem Teig in einer Pfanne nacheinander 8 dünne Pfannkuchen (Palatschinken) backen.

Füllung:

50g	Butter mit 40g Zucker schaumig rühren.
250g	Quark, 2 Eigelb, abger. Schale ½ Zitrone u.
100g	Schmand unterrühren.
50g	Rosinen zufügen, mit Zitronensaft würzen.

Die Pfannkuch gleichmäßig mit der Quarkmasse bestreichen, aufrollen und in eine vorbereitete Auflaufform geben.

Belag:

200 ml	Schmand mit
2 EL	Zucker, 1 EL Zitronensaft, 1 TL Stärkemehl oder Puddingpulver verrühren.
2	Eischnee unterheben und die Masse über die Eierkuchen verteilen.
20g	Mandelplättchen darüber streuen.

Bei 200°C ca 30 Min backen. Die Palatschinken vor dem servieren mit Puderzucker bestäuben.

Apfelschmarren

2-3 Äpfel schälen, in Spalten schneiden und kurz in ein wenig Zuckerwasser dünsten.
3 Eigelb, 1 Vanillezucker, 1 Prise Salz u.
30g Zucker schaumig schlagen. Mit
1/4 l Milch und
100g Mehl verrühren.
2 EL Rosinen und den Eischnee von
3 Eiklar zufügen und mischen.
Apfelspalten unterheben.
Zubereitung und Serviervorschlag siehe Kaiserschmarren.

Kaiserschmarren

Ca. 3 Portionen

125 g	Mehl mit
1/4 l	Milch glatt rühren.
2	Eigelb, etwas Salz
40 g	zerlassene Butter
30 g	in Rum aufgequollene Rosinen und den Eischnee von
2	Eiklar zufügen.

Eine Pfanne mit Butter erhitzen, den Teig 1/2 cm hoch hineingießen und auf beiden Seiten goldgelb backen. Das Gebäck mit 2 Gabeln in Stücke reißen.
Vor dem Anrichten mit Puderzucker bestäuben.

Serviervorschlag:

Mit Kompott oder mit einem Glas Obstsaft anbieten.

Süße Zwiebackschnitten

Hierfür kann wahlweise Rührei- oder Eierkuchenteig zubereitet werden. Siehe Seite 16 u. 20.

4 Zwiebäcke oder kleine Weißbrotscheiben werden kurz durch Milch gezogen und von beiden Seiten leicht in Butter gebraten. Aus der Pfanne nehmen. Wieder etwas Butter in der Pfanne erhitzen.

Etwas Rühreimasse oder Eierkuchenteig wird in die Pfanne gegeben, mit einem Zwieback belegt, der angebackene Teig wird darüber geschlagen und die Schnitte von beiden Seiten gebacken.

Vor dem Servieren wird die Schnitte mit Zimt und Zucker bestreut.

Die Zwiebackschnitten werden mit heißen Sauerkirschen oder Himbeeren serviert. Pro Portion reichen etwa 2-3 Zwiebäcke.

Pikante Brotschnitten

Auch für dieses Gericht kann wahlweise eine Rühreimasse oder ein Eierkuchenteig zubereitet werden.
Der fertige Teig wird mit 2 EL geriebenem Käse vermischt. Statt Zwiebäcke werden Brotschnitten eingesetzt.
Die Zubereitung ist bei beiden Gerichten gleich.
Die fertige Schnitte kann mit Parmesan überstreut werden.
Ein knackiger Rohkostsalat vervollständigt das Gericht zu einem Menü.

Kartoffelgerichte

Bechamelkartoffeln 2 Portionen

500g	kleine Kartoffeln kochen, pellen.
2	gehackte Zwiebeln in einem Topf in
30g	Butter goldgelb dünsten, mit
25g	Mehl bestäuben.
1/8l	Fleischbrühe und 1/8l Sahne Milch zugießen, unter Rühren etwa 4 Min. köcheln lassen. Mit
Salz,	Pfeffer und Muskat würzen und abschmecken.

Die Kartoffeln in Scheiben schneiden und in der Soße erhitzen.
2 EL gehackte Kräuter unterrühren.

Kräuterkartoffeln

500 g	kleine feste Kartoffeln kochen, pellen, erkalten lassen, dann in
60 g	Butter von allen Seiten braun braten. Je
1 EL	gehackte Thymianblättchen, Basilikum und Rosmarin mit etwas Pfeffer mischen, über die Kartoffeln streuen und 2-3 Min. mitbraten.

Serviervorschlag:

Zu beiden Gerichten harmonieren sowohl warme Gemüse, als auch knackige Rohkostsalate.
Um den Eiweißbedarf zu decken, ist als Nachtisch eine Milchspeise zu empfehlen.

Kartoffel-Gemüse-Auflauf

4 Portionen

1 Kg Kartoffeln schälen, in Scheiben schneiden, in Salzwasser fast gar kochen, abtropfen lassen, mit
2-3 gewürfelten Zwiebeln mischen. Die Hälfte davon in eine vorbereitete Auflaufform füllen, mit
75g Käse bestreuen.
500g vorgegartes Gemüse darauf verteilen, mit dem restlichen Kartoffel-Zwiebelgemisch abdecken.
1½ Becher Schmand mit
1 Ei verschlagen, mit Salz, Pfeffer, Thymian und Majoran würzen und darüber gießen. Mit
75g Käse bestreuen und Butterflöckchen aufsetzen.

Im vorgeheizten Backofen ca. 35 Min. bei 210 °C garen.

Mögliche Gemüsearten

Da Sahne, Käse und die angegebenen Gewürze fast mit jeder Gemüseart harmonieren, können auch fast alle Gemüsearten eingesetzt weden, z. B. gekochte Möhren o. Brokkoli, gedünsteter Wirsing und Spinat.
Kohlrabi, Blumenkohl und Weißkohl bilden farblich keinen Kontrast.

Resteverwertung:

Ein ideales Gericht für die Resteverwertung! Sowohl restliche Kartoffeln, als auch restliches Gemüse können zu einem neuen Gericht verarbeitet werden. Und sind am Vortag Nudeln übriggeblieben, so setzt man statt Kartoffeln mit Zwiebeln Nudeln mit Frühlingszwiebeln ein. Das gilt auch für Reis.

Kartoffel-Gemüse-Gratin mit Schafskäse 4 Portionen

500g geschälte Kartoffeln scheibeln, 10 Min. kochen, abschütten, abtropfen lassen.
3 Stangen Lauch scheibeln, in Butter fast gar dünsten, salzen, mit den Kartoffeln mischen, in eine vorbereitete Gratinform füllen. Darauf folgen nacheinander:
200g Zucchinischeiben, 100g zerbröselter Schafskäse,
300g Tomaten, 1 gew. Zwiebel, 100g " ",
zum Schluss mit 100g Gouda überstreuen.

Zwischen den einzelnen Lagen frische Kräuter streuen, Schnittlauch, Thymian, Basilikum.
200ml Schmand mit 100ml Milch u. 3 Eiern verschlagen, mit Salz u. Pfeffer würzen, über das Gratin gießen. Bei 200°C ca. 45 Min. garen.

Kartoffelgratin mit Pilzen

4 Portionen

1 Bd Frühlingszwiebeln in Ringe und
200g Champignons trocken putzen, in Scheiben schneiden, mit etwas Zitronensaft beträufeln und mit Mehl bestäuben.
3-4 EL Öl erhitzen, Zwiebeln u. Pilze darin anbraten, mit Salz und Pfeffer würzen.
750g gekochte Kartoffeln und
3 Äpfel in Scheiben schneiden.
250ml Schmand mit
2 Eiern verschlagen, mit Salz, Pfeffer und Muskat würzen.

Die halbe Kartoffelmenge in eine vorbereitete Auflaufform schichten, Frühlingszwiebeln mit den Pilzen darauf verteilen. Es folgen Apfelscheiben u. zum Schluss die restlichen Kartoffeln. Eiermilch darüber gießen. 30g Butterflöckchen aufsetzen. Backzeit ca. 40 Min. bei 200°C. Kurz vor Ende der Garzeit mit 100g geriebenem Käse überstreuen.

Mozzarella - Kartoffeln

2-3 Portionen

500g geschälte Kartoffeln in Scheiben schneiden.
2 gehackte Zwiebeln u. 1 Knoblauchzehe in
3 EL Öl glasig dünsten. Kartoffelscheiben zufügen und hellbraun anbraten. Je
½ Bd. Petersilie u. Basilikum klein schneiden.
250g schnittfeste Tomaten entkernen u. würfeln.
1 Packung Mozzarellakäse abgetropft in Scheiben schneiden. Die halbe Menge Kartoffeln in eine vorbereitete Form schichten.

Es folgen nacheinander:
Tomatenwürfel, die halbe Kräutermenge, die Hälfte Mozzarella, restliche Kartoffeln, restliche Kräuter, restliche Mozzarellascheiben.
Den Auflauf ca. 15 - 20 Min im vorgeh. Backofen bei 210°C überbacken. Mit Schnittlauch überstreut servieren. Hierzu passt ein Blattsalat.

Käsekartoffeln mit gedünstetem Gemüse

4 Portionen

4-6 mittelgroße Pellkartoffeln nicht zu weich kochen, pellen, längs halbieren, in eine flache, gefettete Auflaufform mit der Schnittfläche nach oben aufsetzen. Mit

Olivenöl bepinseln und mit

Kräutern der Provence überstreuen. Im vorgeh. Backofen bei 200°C ca. 10 - 15 Min. backen.

200 g geriebenen Schafskäse über die Schnittflächen der Kartoffeln streuen und kurz überbacken.

Für das Gemüse je nach Belieben

600 g Möhren, Lauch, Kohlrabi oder Weißkohl dünsten. Mit Salz, Pfeffer und etwas

Schmand abschmecken.

Die gebackenen Käsekartoffeln mit dem Gemüse anrichten.

Gnocchi - Variationen

Gnocchiteig

1 kg Kartoffeln kochen, pellen, heiß durch die Kartoffelpresse drücken. Mit
Salz, Pfeffer, Muskat, Thymian würzen und mit
150 g Mehl und
2 Eiern zu einem glatten Teig verarbeiten.

Aus dem Teig ca. 1 cm dicke Rollen formen, auf 3 cm Länge schneiden und diese mit einer Gabel zusammendrücken.
Die geformten Klößchen etwa 10 Min. in kochendem Salzwasser oder in einer Brühe gar ziehen lassen. Mit einem Schaumlöffel herausnehmen, abtropfen lassen und mit einer Käsesoße (Seite 11) servieren. Dazu können alle Gemüse und Salate gereicht werden. Eine Milchspeise als Dessert sorgt für die Eiweißzufuhr.

Knoblauch - Gnocchi

Die geformten Klößchen in

1 l Gemüse- oder Fleischbrühe gar ziehen lassen, herausnehmen, gut abtropfen und auf Küchenkrepp trocknen lassen.

100 g Butter in einer großen Pfanne erhitzen.

4 fein gehackte Knoblauchzehen darin glasig schwitzen.

4-5 EL Paniermehl zufügen, kurz rösten, dann die Gnocchi in die Pfanne geben u. in dem Fett goldgelb ausbacken, herausnehmen, mit

Parmesan - Käse und fein gehackten Kräutern überstreuen. Mit ein wenig Zitronensaft beträufeln und mit Kräuterzweigen ausgarnieren.

Gratinierte Gnocchi

Die geformten Klößchen in einer Gemüsebrühe gar ziehen lassen. Gnocchiteig siehe Seite 38.

1 Becher Schmand mit etwas Sahne glatt rühren. Mit Salz, Pfeffer, Kräuter der Provence würzen.

Die gegarten Gnocchi abtropfen lassen, in eine Auflaufform füllen und mit der Sahne übergießen.

Im vorgeh. Backofen 15 Min. bei 200°C gratinieren. 5 Min. vor Ende der Garzeit mit geriebenem Käse überstreuen.

Hierzu passen farbkräftige Gemüsearten, wie Erbsen, Möhren, Brokkoli oder Tomaten- und Blattsalate. Ein Milchdessert sorgt für die notwendige Eiweißzufuhr.

Gnocchi auf Gemüsebett mit Käse überbacken

Die geformten Klößchen in einer Gemüsebrühe garen und abtropfen lassen.

2 Knoblauchzehen hacken.
2-3 Stangen Lauch in Ringe schneiden.
40 g Butter in einer Pfanne erhitzen.
2 gewürfelte Zwiebeln darin glasig dünsten. Knoblauch und Gemüse zufügen, mitgaren.
1/4 l Gemüsebrühe zugießen. Gemüse bissfest garen.
1 Becher Schmand zufügen, umrühren, etwas einköcheln lassen. Mit Pfeffer, Muskat,
Salz abschmecken. Das Gemüse in eine feuerfeste Schale füllen. Die Gnocchi darauflegen, mit
150 g geraspeltem Käse überstreuen und goldgelb überbacken. Mit Kräutern garnieren.

Variation:

Das Gemüse kann durch anderes gedünstetes Gemüse ausgetauscht werden.

Gefüllte Kartoffeln

4 Portionen

Je nach Größe
4 - 8 Pellkartoffeln pellen, halbieren, in eine vorbereitete Auflaufform setzen, die Schnittflächen mit Öl bepinseln u. mit reichlich gehackter Petersilie überstreuen. 5 Min. bei 210°C überbacken.

Füllung:

500g Champignons trocken putzen, scheibeln, in
20g Butterschmalz anbraten, mit
Salz und Pfeffer würzen.
100g Gouda würfeln, mit gehackter Petersilie,
100g Schmand und 1/4 der Pilzmenge mischen.

Die Masse auf die vorgebackenen Kartoffelhälften füllen, die restlichen Pilze auf dem Boden der Auflaufform verteilen. Weitere 10-15 Min. bei 200°C überbacken.

Kartoffelmaultaschen mit Pilzfüllung

4 Portionen

Pilzfüllung:

300 g	Champignons trocken putzen, fein würfeln, mit etwas Zitronensaft beträufeln und mit Mehl überstäuben. Je
1	fein gehackte Zwiebel und Knoblauchzehe und
1 TL	fein gehackter Thymian in
4 EL	Öl anschwitzen, Pilze zufügen u. gut anbraten.
2 EL	Schmand zugeben, etwas einkochen u. auskühlen lassen. Mit Salz und Pfeffer würzen.

Maultaschen:

700 g	gekochte Kartoffeln heiß durch die Presse drücken, mit Salz, Pfeffer und Muskat würzen.
3	Eigelbe und
150 g	Stärkemehl zufügen, zu einem Teig verarbeiten.

Mit Stärkemehl dünn ausrollen und Kreise von 10 cm Ø ausstechen. Zur Hälfte mit etwas Pilzmasse belegen. Die Ränder mit verschlagenem Ei bestreichen. Die Kreise halbmondförmig zusammenklappen u. in siedendem Wasser 10 Min. langsam gar ziehen lassen, herausnehmen, abtropfen lassen u. von beiden Seiten kurz in Butter anbraten. Dazu eine Tomaten- oder Gorgonzolasoße servieren, und das Gericht mit einem Salat ergänzen.

Die schnelle Kartoffelpizza

750g gekochte Kartoffeln in Scheiben schneiden, leicht salzen und pfeffern.

4 EL Öl erhitzen, die Kartoffeln darin unter Wenden anbraten und in eine große, flache Auflaufform oder auf ein Blech füllen.

500g Tomaten entkernen und grob würfeln.

250g Champignons trocken putzen, blättrig schneiden,

2-3 Zwiebeln halbieren u. in halbe Ringe schneiden.

Gemüse mischen, über die Kartoffeln geben und gleichmäßig verteilen. Mit Salz, Pfeffer und Pizzagewürz kräftig würzen.

Im vorgeheizten Backofen bei 210 °C 25 Min. backen. 5 Min. vor Ende der Garzeit mit

200g Käse überstreuen.

Mit einem Blattsalat servieren.

Lauchtorte

Aus

200g Mehl, 150g Butter und 4 EL Schmand u.
1 Pr. Salz einen Knetteig herstellen. ½ Stunde kühl lagern. Eine gefettete Pieform mit dem ausgerollten Teig auskleiden. Den Rand hochziehen. Den Teig auf der oberen Schiene des Backofens ca. 15-20 Min. bei 200°C vorbacken.

800g Lauch in Scheiben schneiden. Ca. 10 Min. in
40g erhitzter Butter in einem weiten Topf dünsten.
1 Pr. Salz und Pfeffer zufügen. Wenden!
Auf den vorgebackenen Boden füllen.

Guss:

4 Eier mit
1 Becher süße Sahne und
125g Kräuterschmelzkäse verschlagen und vorsichtig über den Belag gießen. Im vorgeh. Backofen 40 Min. bei ca. 200-210°C backen. Die fertige Torte lässt sich wunderbar einfrieren.

Die schnelle Gemüsetorte mit getoastetem Weißbrotboden

Weißbrotscheiben toasten. Einseitig mit Butter bestreichen. Den Boden einer flachen, feuerfesten Form damit auslegen. Die Butterseite liegt oben.

600 g gegarte Spargelstücke gut abgetropft oder
2-3 Stangen Lauch, in Scheiben geschnitten und gedünstet, auf die Brotscheiben füllen.

Guss:

4 Eier mit
250 ml Sahne gut verschlagen, mit Salz u. Pfeffer würzen, mit ½ Bd. gehackte Petersilie mischen. Über das Gemüse gießen. Mit
150 g geriebenem Käse bestreuen. Im vorgeh. Backofen 35-40 Min. bei 200 °C backen.

Serviervorschlag: Mit einer Soße u. Blattsalat servieren. Siehe „Helle Grundsoße", Seite 10. Die Mehlschwitze halb mit Gemüsewasser und Sahne auffüllen. Mit Salz, Pfeffer u. reichlich geh. Kräutern abschmecken.

Nudeln mit Gemüse und Schafskäse

4 Portionen

300g Spiralnudeln bissfest kochen, abtropfen lassen.
2 Auberginen grob würfeln, mit Zitronensaft beträufeln und mit Mehl bestäuben.
6 EL Olivenöl in einer Pfanne erhitzen.
3 gehackte Knoblauchzehen darin anschwitzen. Auberginenwürfel zufügen, anbraten, herausnehmen u. zur Seite stellen.
2 gewürfelte Zwiebeln in dem restlichen Fett goldgelb braten.
1 große Dose geschälte Tomaten verschlagen, zu den Zwiebeln geben, unter Rühren etwas einkochen lassen. Auberginenwürfel zufügen.
2 El Schmand unterrühren, mit Pfeffer, Cayennepfeffer,
Salz, Zucker, Zitronensaft u. Worcestersauce würzen.
150g gewürfelten Schafskäse, die Nudeln und
1 Tasse gemischte Kräuter unterheben.
Anrichten.

Das schnelle Nudelgericht.

400 g Nudeln in reichlich kochendem Salzwasser mit etwas Öl bissfest kochen. In der Zwischenzeit die Käsesoße zubereiten.

30 g Butter zum Schmelzen bringen.

200 g Gorgonzola-Käse mit einer Gabel zerdrücken, zur Butter geben. Mit

1 Becher Schmand verrühren.

1/2 Bund gehackte Schnittlauchröllchen zufügen. Die abgetropften Nudeln in eine vorgewärmte Schüssel geben, Gorgonzola-Soße darüber gießen und heiß servieren.

Dazu einen knackigen Salat reichen.

Bunte Spätzle

400g Spätzle in kochendem Salzwasser mit
1 Tl Öl 10 Min. garen, abtropfen lassen.
2 Stangen Lauch in dicke Ringe schneiden, je
1 rote und 1 grüne Paprikaschote in Streifen schneiden. In Butter fast gar dünsten.
300g Kirschtomaten vierteln.
1 Bd. Petersilie hacken.

Eiersahne:

3 Eier,
125g geriebenen Gouda,
250ml Sahne zusammen verschlagen, mit
Salz und Pfeffer würzen. Alle Zutaten miteinander mischen. Nochmals abschmecken und in eine vorbereitete große, flache Auflaufform füllen. Ca. 30-40 Min. bei 210°C backen
Dazu schmeckt ein grüner Blattsalat.

Gemüselasagne

2 Möhren, 1 Zucchini, 300g Brokkoliröschen,
je 1/2 rote u. grüne Paprikaschote entsprechend
der Gemüseart zerkleinern. 1 Zwiebel hacken.
2EL Öl in einer Pfanne erhitzen, das Gemüse zufü-
gen, unter Rühren bissfest garen, mit Pfeffer,
Salz, Oregano und Schnittlauch würzen.
4 Tomaten entkernen, würfeln, mit dem ande-
ren Gemüse mischen. Je
1 Becher Schmand und
200ml süße Sahne zugießen, etwas einkochen lassen
und abschmecken. Das Gemüse schichtweise
mit
1 Packung kochfertige Lasagneplatten in eine
ausgefettete feuerfeste Form schichten. Mit
300g Mozzarellascheiben abdecken. 30-40 Minuten
bei ca. 200°C backen.

Nudel-Gemüse-Auflauf mit Käsesoße

250 g Bandnudeln bissfest kochen, abtropfen lassen.
1 Paprikaschote in Streifen und
300 g Zucchini in Scheiben schneiden.
400 g Brokkoliröschen 3 Min. in Salzwasser blanchieren.
4 Tomaten enthäuten u. in Scheiben schneiden.
Das Gemüse mischen, mit Salz und Pfeffer würzen.

Käsesoße:

1/4 l Milch erhitzen
200 g Blauschimmelkäse zerstückeln und in der Milch auflösen, mit Pfeffer, Salz, Muskat würzen.
2 Eier verschlagen u. unter die Milch rühren.

Die Nudeln und das Gemüse abwechselnd in eine vorbereitete Auflaufform schichten. Die oberste Schicht sollte aus Nudeln bestehen. Mit Käsesoße übergießen und mit 100 g Käse bestreuen. Butterflöckchen darauf setzen. Im vorgeh. Backofen ca. 35 Min. bei 190 - 200°C garen.

Gratinierte Bandnudeln

300g Bandnudeln im Salzwasser mit etwas Öl bissfest garen und abtropfen lassen.
2 EL Olivenöl und 30g Butter erhitzen, je
1 geh. Zwiebel u. Knoblauchzehe darin glasig dünsten.
800g Brokkoli in Röschen teilen, zu den Zwiebeln in den Topf geben, kurz mitschwitzen, etwas Brühe angießen, bissfest garen, aus dem Topf nehmen u. abtropfen lassen.
1½ Becher Schmand u. etwas Brühe (zusammen ca. 450 ml) mischen, in den Topf geben und einmal aufkochen lassen. Die Nudeln und den Brokkoli dazugeben, erhitzen, mit Salz, Pfeffer, 1 Prise Zucker würzen, abschmecken.
2-3 EL gemischte Kräuter, wie Petersilie, Oregano zufügen. Die Nudelmischung in eine vorbereitete Form geben. 200g in Scheiben geschnittenen Mozzarellakäse darauf verteilen. Bei 210°C ca. 20 Min. überbacken

Fruchtiger Reisauflauf

1 l Milch mit Salz zum Kochen bringen.
250 g Rundkornreis einrühren, 20-30 Min. ausquellen lassen.
4 Eigelb mit 70 g Zucker, Saft ½ Zitrone mit
250 g Speisequark verrühren,
1 große Dose Aprikosen abtropfen lassen, würfeln. Quark u. Aprikosen mit dem Reis mischen.
4 Eiweiß mit 30 g Zucker sehr steif schlagen und vorsichtig unter den Reis heben. Das Ganze in eine ausgefettete Auflaufform füllen

Ein paar zurückbehaltene Aprikosenhälften in Spalten schneiden, auf dem Auflauf verteilen. Mit 2 EL Semmelmehl bestreuen und Butterflöckchen darauf setzen. Im vorgeh. Backofen bei 200°C 45 Minuten backen.

Pilz-Gemüse-Risotto

30g	Butter erhitzen.
1	gewürfelte Zwiebel darin andünsten.
220g	Langkornreis hinzufügen, glasig dünsten.
350ml	Instantbrühe und
150ml	Schmand zufügen, verrühren, zum Kochen bringen u. etwa 20-25 Min. ausquellen lassen.
1	Bund Frühlingszwiebeln putzen, oberes Grün entfernen u. in Ringe schneiden.
300g	Pilze trocken putzen, zerkleinern, mit etwas Zitronensaft beträufeln.
30g	Butter zerlassen. Zuerst die Frühlingszwiebeln darin dünsten, dann die Pilze zufügen, kurz mitdünsten. Mit Salz u. Pfeffer würzen.
400g	TK-Erbsen zugeben, zum Kochen bringen und ca. 7 Min. köcheln lassen.

2 EL geh. Petersilie mit dem gegarten Reis mischen. Abschmecken.

Serviervorschlag: Käsetaler o. Käsehappen, Seite 138/39

Bunter Reistopf

2 EL Öl in einem Topf erhitzen, 1 gehackte Zwiebel u.
220 g Langkornreis darin glasig dünsten.
1/8 l trockenen Weißwein und 3/8 l Instantbrühe zufügen, sprudelnd aufkochen lassen, dann den Topf schließen. Bei milder Hitze 25 Min. garen.
300 g TK Erbsen in etwas Salzwasser gar kochen.
300 g feste Tomaten enthäuten, halbieren, entkernen und in Stücke schneiden. Zusammen mit den abgetropften Erbsen zu dem gegarten Reis geben u. weitere 2-3 Min. köcheln lassen.
1 Bd. Kräuter hacken und mit
70 g geriebenen Emmentaler Käse unter den Reis mischen. Abschmecken.

Das gleiche Gericht kann mit Nudeln oder Spätzle zubereitet werden.

Auch hierzu passen Käsetaler oder Käsehappen, 138. Oder Sie servieren dazu einen eiweißreichen Nachtisch.

Curryreis mit fritierten Ananasringen

225g Langkornreis mit
3/8 l Fleischbrühe zum Kochen bringen, sprudelnd aufkochen lassen.
1/8 l trockenen Weißwein zufügen und den Reis bei schwacher Hitze 25 Minuten ausquellen lassen.
50g gewaschene Sultaninen mit 3EL Rum mischen.
1 gehackte Zwiebel in 30g Butter glasig dünsten. Den gegarten Reis zufügen und vermischen. Etwa 3 Min. unter Wenden braten. Zum Schluss die Sultaninen mit dem Rum dazugeben. Den Reis mit
Salz und
2-3EL kräftige Currymischung scharf würzen.

Fritierte Ananasringe

Für jede Portion rechnet man 2 Ananasringe.
Die Zubereitung für den „Ausbackteig", siehe „Fritierte Schwarzwurzeln", Seite 73.
Die abgetropften Ananasscheiben zuerst in Mehl wenden, dann durch den Ausbackteig ziehen.
Sollten noch 1 oder 2 Ananasringe überzählig sein, so können diese wunderbar im Curryreis verwertet werden. Man schneidet sie hierfür in kleine Stückchen und lässt sie mit der gehackten Zwiebel in der Pfanne dünsten.

Tomaten-Paprika-Reis

3 EL Olivenöl in einem großen Topf erhitzen.
2 Zwiebeln u. 1 Knoblauchzehe darin glasig dünsten. Mit Paprikapuder überstäuben.
225g Langkornreis und 1/2 l Instantbrühe zufügen, umrühren, aufkochen lassen, in 25 Min. garen. Nach 5 Min. Garzeit
2 in Streifen geschnittene Paprikaschoten,
1 geputzte, gehackte Peperoni und
250g entkernte, gewürfelte Tomaten zufügen. Mit Salz abschmecken.

Chili Champignons

600g	Champignons trocken putzen. Je nach Bedarf halbieren, mit Zitronensaft beträufeln, salzen, pfeffern u. in Mehl wenden.
6 El	Olivenöl in einem weiten Topf erhitzen u. die Pilze darin unter ständigem Rühren braten.
2	Fleischtomaten entkernen und würfeln.
2	rote Chilischoten sorgfältig putzen u. in Würfel schneiden, zusammen mit
1	Tasse gehackten, gemischten Kräutern, wie Oregano, Schnittlauch, Basilikum zu den Pilzen geben und das Ganze kurz dünsten, mit
1	Schuss Weißwein und

1 Schuss Gemüsebrühe ablöschen, mit Salz, Pfeffer und Zitronensaft abschmecken. Die Pilze bei mäßiger Hitze unter ständigem Rühren 5 Minuten dünsten. Dekorativ anrichten und mit Kräutern garnieren.

Serviervorschlag: Kräuterreis, Seite 112, je nach Belieben mit einem Blattsalat servieren (Seite 113). Pilze passen auch sehr gut zu Nudeln und Kartoffelpüree.

Variationen:

- Reis- oder Nudelreste mit dem fertigen Pilzgericht mischen und erhitzen.

- Schräggeschnittene Baguette-Scheiben kurz rösten, Pilze darauf verteilen, mit Käse bestreuen und kurz übergrillen. Dazu passt ein Blattsalat mit Tomaten.

Gratinierter Curryreis mit Gemüse

7-800g	Gemüse Ihrer Wahl bissfest garen, über ein Sieb schütten und in eine vorbereitete Auflaufform füllen.
30g	Butter in einem Topf erhitzen.
1	gewürfelte Zwiebel darin glasig dünsten.
1	Bund Frühlingszwiebeln in Scheiben schneiden
2	Knoblauchzehen hacken. Beides zu den Zwiebeln geben
225g	Langkornreis zum Gemüse geben und kurz mitschwitzen. Mit
1/8 l	Weißwein ablöschen und mit
1/2 l	Gemüsebrühe auffüllen. Mit Curry,
Salz	und Pfeffer kräftig würzen. Im offenen Topf einmal aufkochen, dann zugedeckt bei ganz milder Hitze in 25 Min. garziehen lassen.

Nach Ende der Garzeit etwas Sahne mit
2 Eigelb verrühren und mit
100g geriebenem Käse unter den Reis ziehen.
Den fertigen Curryreis auf das Gemüse füllen, mit
50g geriebenem Käse überstreuen und ca. 20 Min. bei 200°C gratinieren.

Kohlrabi-Ragout mit Käsewürfeln

4-5 Kohlrabi in ca. 1cm dicke Scheiben schneiden und würfeln. Zusammen mit
1 gewürfelten Zwiebel in Butter anschwitzen.
50ml Gemüsebrühe angießen u. 15 Min. dünsten.
1 EL gehackte Petersilie, etwas Zitronensaft,
Salz, Majoran und Pfeffer zufügen und abschmecken.
280g Gouda in 2cm große Würfel schneiden, in
Ei und Semmelbröseln wenden und mit Butterschmalz in einer Pfanne ausbacken.
Kohlrabi-Ragout in eine Schüssel füllen und die Käsewürfel darauf verteilen.

Serviervorschlag: Reis- oder Nudelgerichte, Kartoffelpüree.

Ragout von Meeresfrüchten und Brokkoli zu Kräuterreis

600g Brokkoli in Röschen teilen, Stiele in ca. 2cm lange Stücke schneiden. In kochendem Salzwasser 8-10 Min. garen. Gut abtropfen lassen.

40g Butter nicht zu stark erhitzen.

2 halbierte Knoblauchzehen darin leicht anbraten, herausnehmen.

250g Krabben, Scampi oder Shrimps ca. 1 Min. darin erhitzen, herausnehmen und beiseite stellen.

Soße:

15-20g Mehl zu dem verbliebenem Fett geben, anschwitzen, mit
1/8 l Gemüsewasser ablöschen, mit
1/8 l Weißwein und
1/8 l süßer Sahne auffüllen u. ca. 5 Min. unter häufigem Umrühren köcheln lassen.
Brokkoli, Krabben und
1 Dose Miesmuscheln (200g) mit der Flüssigkeit in die Soße geben. Die Soße erhitzen, nicht wieder aufkochen lassen.
Mit Salz, Pfeffer und Curry pikant abschmecken. Mit Schnittlauch bestreut servieren.

Serviervorschlag: Kräuterreis und grüner Salat.

Variationen: Brokkoli kann durch gedünstete Lauchringe ausgetauscht werden.
Soll das Ragout zum kleinen Abendessen gereicht werden, kann es mit Stangenbrot, Butter u. mit einem Blattsalat serviert werden.

Gemüse mit vegetarischen Füllungen

Gefülltes Gemüse lässt sich mit Kartoffeln- oder Reisgerichten zu einem vollständigen Menü erweitern. Wahlweise kann eine Soße dazu serviert werden. Besonders gut passen Tomatensoße mit Chili abgeschmeckt, Käse- und Kräutersoßen.

Zum Abendimbiss wird gefülltes Gemüse fast immer mit einer Soße serviert. Dazu passen Stangenbrote und kräftige Bauernbrote mit Kräuterbutter. Als Getränk passt Bier. Je nach Belieben kann zudem ein Dessert gereicht werden.

Kohlrabi mit Lauch-Käse-Füllung

4-8 geschälte Kohlrabi etwa 20 Min. in Salzwasser bissfest garen, herausnehmen, abkühlen lassen, einen Deckel abschneiden, mit einem Tl. aushöhlen u. in eine vorbereitete flache Auflaufform setzen.

Füllung:

2 Lauchstangen scheibeln, mit den Kohlrabiresten in

40g heiße Butter geben und solange dünsten, bis der Lauch fast gar ist. Dann in eine Schüssel füllen und

100g zerkleinerten Gorgonzola Käse,

1 Becher Crème fraiche und

2 Eier zufügen. Gut mischen, mit Salz und Pfeffer würzen und damit die Kohlrabi füllen.

1/8l Instantbrühe in die Auflaufform gießen. Im vorgeh. Backofen ca. 30 Min. bei 200°C backen. Vor dem Herausnehmen mit Parmesan bestreuen.

Überbackene Fleischtomaten

4 Portionen

250g	Hörnchennudeln in Salzwasser mit etwas
Öl	kochen und abtropfen lassen. Von
8	Fleischtomaten einen Deckel abschneiden, aus- höhlen, umgedreht abtropfen lassen.
1	Zwiebel würfeln, in
3EL	Olivenöl glasig dünsten,
1	Zucchini klein würfeln, zufügen, mitschwitzen.
1	kleine Dose Mais abtropfen lassen. Zusam- men mit
2EL	geh. Petersilie, etwas Oregano und Basilikum und den Nudeln in die Pfanne geben, kurz anbraten. Mit Salz, Pfeffer und Paprika wür- zen. Die Tomaten mit der Masse fül- len und in eine vorbereitete Auflaufform setzen. Mit ca.
150g	gewürfeltem Schafskäse o. mit einem anderen Käse belegen. 25-30 Min. bei 190°C überbacken

Tomaten mit Mozzarella überbacken

4 Fleischtomaten waschen. Die Stielansätze großzügig herausschneiden und eine Scheibe abschneiden. Die Tomaten mit der Schnittfläche nach oben in eine vorbereitete Auflaufform setzen. Die Schnittflächen mit Salz und Pfeffer würzen.

1–2 Packungen Mozzarella würfeln. Je

2 EL Petersilie, Basilikum u. Oregano fein schneiden.

3 EL Sonnenblumenkerne grob hacken.

1 Knoblauchzehe fein würfeln. Kräuter, Sonnenblumenkerne u. Knoblauchzehe mischen. Mit Salz u. Pfeffer abschmecken.

Käsewürfel auf die Schnittflächen der Tomaten legen und mit der Kräutermischung überstreuen.
Im vorgeh. Backofen ca. 20 Min. bei 200°C überbacken.
Dazu schmeckt frisches Bauernbrot oder Kräuterreis.

Sellerieschnitzel mit Käsefüllung

2 Portionen

1/2 Sellerieknolle, je nach Größe in 2 oder 4 Scheiben von ca 1 1/2 Dicke abschneiden u. schälen.
1/8 l Weißwein, 1/8 l Gemüsebrühe und Saft
1/2 Zitrone zusammen zum Kochen bringen. Die Scheiben darin 5 Min. blanchieren, herausnehmen, abtropfen lassen und in jede Scheibe eine Tasche schneiden und jeweils mit
1 Scheibe würzigen Käse füllen. Die Schnitzel nacheinander zuerst in Mehl, Panade und zum Schluss in Paniermehl wenden. Von beiden Seiten in Butter goldgelb backen.

Panade: 1 Ei, 3 EL Milch, etwas Salz, 2-3 Tropfen Öl. Die Zutaten zusammen verschlagen.
Dazu schmeckt Reis oder Kartoffeln u. Salat, aber auch Brot mit Kräuterbutter und Salat!

Zwiebeln, gefüllt mit Blattspinat

300g TK-Spinat bei Zimmertemperatur auftauen lassen.
4 große Gemüsezwiebeln schälen, in
1l Fleisch oder Gemüsebrühe 30 Min. köcheln, danach abtropfen und auskühlen lassen. Die Zwiebeln von oben bis zur Wurzel hin halbieren. Ausgehöhltes Fruchtfleisch würfeln.

Füllung:

Die Zwiebelwürfel mit
1 gehackten Knoblauchzehe in
3 EL Öl andünsten. Blattspinat zufügen.
1 Becher Schmand mit 1 Ei verschlagen, mit der Gemüsemasse verrühren. Wenn die Masse zu flüssig ist, unter Rühren etwas einkochen lassen. Mit Salz, Pfeffer und Muskat abschmecken. Zwiebelschalen in eine vorbereitete Auflaufform setzen, füllen, mit etwas Brühe angießen. 30 Min. bei 210°C backen. 5 Min. vor Ende der Garzeit mit Käse überstreuen.

Kohlrabi-Taler mit Kräuterdip

2-3 Kohlrabi in dicke Scheiben schneiden. In Salzwasser 5-6 Min. köcheln, danach abtropfen lassen.

Kräuterdip: Je
1 Bd. Schnittlauch, Petersilie, Radieschen fein schneiden, mit
250g Quark und 100ml Schmand verrühren. Mit
Salz und Pfeffer pikant abschmecken.

Panade:
2 Eier verquirlen, mit
100g geriebenen Parmesan Käse und
8-10 EL Sesam oder Paniermehl mischen. Kohlrabischeiben nacheinander in Mehl, Eiern, Käse-Sesam-Mischung wenden. Panade etwas andrücken. Portionsweise in heißem Fett von jeder Seite 2-3 Min. braten. Mit Kräuterdip, Brot oder Reis servieren.

Spinatauflauf mit Gorgonzolahaube

800g TK-Spinat auftauen lassen.
30g Butter in einem Topf erhitzen. Je
1 gewürfelte Zwiebel u. Knoblauchzehe darin andünsten. Spinat zufügen, erhitzen, evtl. etwas einkochen lassen. Mit
Salz, Pfeffer und Muskat abschmecken.
4 pochierte Eier zubereiten. (Siehe Seite 9).

Soße:

1 Rezept „Helle Grundsoße" (Seite 10), mit Milch zubereiten.
200g Blauschimmelkäse in Stückchen zufügen, unter Rühren schmelzen lassen.

Den Spinat in eine vorbereitete Auflaufform geben, die pochierten Eier darauf legen, mit der Soße übergießen. Bei 200°C ca. 10-15 Min. überbacken. Mit Kartoffeln, Reis oder Nudeln servieren

Variation:

Spinat durch Kohlrabi, Brokkoli oder Lauch austauschen.

Fritierte Auberginen-Schnitten

3 Auberginen in ½ cm dicke Scheiben schneiden.
Mit Zitronensaft beträufeln und mit Salz und Pfeffer bestreuen.

Ausbackteig:

200 ml Milch, 2 Eier, etwas Salz und
80 g Mehl verschlagen und 10 Min. zugedeckt ruhen lassen.

Die Auberginenscheiben nacheinander in den Eierteig tauchen und dann im 180°C heißen Fritierfett in 5 Min. goldbraun ausbacken.

Serviervorschlag:

Mit Kopfsalat und Stangenbrot oder etwas Kräuterreis reichen.

Fritierte Schwarzwurzeln und Petersilie

1 großes Glas Schwarzwurzeln über ein Sieb schütten, abtropfen lassen und in eine Schüssel geben, mit dem Saft
½ Zitrone beträufeln und mit
½ Bund gehackter Petersilie mischen.
Zugedeckt 10 Min. kühl stellen.

Ausbackteig:

150g Mehl, 1 Pr. Salz mit
200ml Wein glatt rühren.
2 Eigelb zufügen, 2 Eiweiß zu Schnee schlagen und unter den Teig ziehen.

Die Schwarzwurzeln in Mehl wenden, durch den Ausbackteig ziehen und in schwimmendem Fett goldgelb backen.

1 1/2 Bund Petersilie gut abgetropft ganz kurz ebenfalls in schwimmendem Fett ausbacken.
Mit Kräuter- oder Frühstücksquark anrichten.

Mediterrane Gemüsepfanne

5	Tomaten enthäuten, vierteln, entkernen.
2	Paprikaschoten, 2 Zucchini und
1	Aubergine in Streifen schneiden, Aubergine mit Zitronensaft beträufeln.
2	Schalotten vierteln, 1-2 Knoblauchzehen fein hacken.
5 EL	Öl in einer Pfanne erhitzen, Zwiebeln und Knoblauch darin glasig schwitzen. Paprikastreifen zufügen. Unter Rühren kurz braten. Dann die Zucchini- und Auberginenstreifen zufügen und kurz mitbraten. Mit
3-5 EL	Weinessig ablöschen und mit
1/4 l	Instantbrühe auffüllen. 6 - 8 Min. langsam köcheln lassen. Die Tomaten und
50 g	Oliven unterheben. Das Ganze erhitzen. Mit Oregano, Pfeffer, Salz, Thymian und
2 EL	geh. Basilikumblättchen abschmecken. Anrichten und mit
120 g	Parmesan bestreuen.

Zwiebel-Tomaten-Kuchen

Eine flache, feuerfeste Form mit Olivenöl einfetten. Weißbrotscheiben von beiden Seiten rösten. Einseitig mit einer Knoblauchzehe einreiben u. mit etwas Olivenöl bepinseln. Den Boden der Form mit Brotscheiben bedecken u. zwar mit der bestrichenen Seite nach oben.

500g	Zwiebeln halbieren und scheibeln. In
1EL	Butter fast gar dünsten.
500g	Tomaten halbieren, entkernen, würfeln. Zwiebeln und Tomaten mischen, mit
Salz	und Pfeffer abschmecken und auf die Brotscheiben füllen.

Guss:

4	Eier mit
200g	Kräuter-Crème-fraîche und 100ml Sahne verschlagen, mit Salz und Pfeffer abschmecken, auf das Gemüse füllen und mit
75-100g	Käse bestreuen. Im vorgeh. Backofen bei 200°C etwa 40-45 Min. backen. Mit einem Salat servieren.

Crèpes mit Spargel gefüllt und überbacken

800g Spargel in Salzwasser mit 1 Pr. Zucker und etwas Butter 10-12 Min. kochen, über ein Sieb schütten.

Crèpesteig:

1/4 l Milch mit 150 g Mehl u. 3 Eigelb glatt rühren. Mit Salz, Pfeffer und Muskat würzen.

1 EL Öl unter den Teig ziehen. Davon nacheinander Pfannkuchen abbacken.

Auf jeden Pfannkuchen ca. 5-6 Spargelstangen legen, und die Pfannkuchen zusammenrollen. Dann in eine vorbereitete Auflaufform legen.

Die Rollen mit etwas flüssiger Butter bepinseln, mit Semmelbrösel und Tomatenwürfeln bestreuen.

Im vorgeh. Backofen etwa 15-20 Min. bei 200° C backen. Vor dem Servieren mit gehackten Kräutern bestreuen.

Variationen:

Die Pfannkuchen 5 Min. vor Ende der Garzeit mit 100 g Käse überstreuen.

Die Pfannkuchen können auch mit Lauch gefüllt werden. Hierfür werden die Lauchstangen auf Länge geschnitten und in Butter gedünstet.

40 g Butter und wenige EL Wasser in einer Pfanne erhitzen. Etwas Salz und Pfeffer zufügen. Die vorbereiteten Lauchstangen einlegen und dünsten, bis sie fast gar sind und leicht anbraten. Füllen ....

Überbackene Pfannkuchen können sowohl in der Auflaufform serviert oder auf Tellern dekorativ angerichtet werden.

Serviervorschlag:

Ein leichter Blattsalat passt immer. Ein leckerer Nachtisch ist natürlich auch willkommen.

Überbackene Pfannkuchen mit Pilzfüllung

500 g kleine Champignons trocken putzen, würfeln, mit Zitronensaft beträufeln, salzen, pfeffern und in Mehl wenden.

3 EL Öl in einer Pfanne erhitzen, Pilze hineingeben und unter ständigem Wenden braten.

3-4 Tomaten entkernen und würfeln.

2 Toastbrotscheiben toasten, ebenfalls würfeln. Alle Zutaten mischen.

1 EL gehackte Petersilie und

1-2 EL Schmand zufügen, umrühren. Mit Salz und Pfeffer abschmecken.

Eierkuchenteig:

1 Rezept reicht für etwa 3 Portionen. Zubereitung siehe Seite 20.

Die Füllung auf die Pfannkuchen streichen, aufrollen und in eine vorbereitete Auflaufform legen.
Die Pfannkuchenrollen von oben leicht mit etwas flüssiger Butter bepinseln und mit Semmelbröseln bestreuen. 15 Min. bei 200°C überbacken, dann mit Käse überstreuen und weitere 3 Minuten gratinieren. Vor dem Servieren mit Schnittlauchröllchen bestreuen.
Dazu schmeckt ein leichter Blattsalat.

Variation:
Die Pfannkuchen nach dem Füllen jeweils in 3-4 Stücke schneiden und mit den Schnittflächen in eine Auflaufform setzen und überbacken.

Die Pfannkuchen können wahlweise in der Auflaufform serviert oder auf Tellern angerichtet werden.

Leichte Kost

mit geringem Energiegehalt

Etwas weniger ist oft mehr,
mehr an Gesundheit und
Wohlbefinden

Gemüsesuppen

bis zu 300 Kcal oder 1260 KJ

Diese gehaltvollen Suppen können als Imbiss zusammen mit Brot oder Brötchen gereicht werden.
Erweitern lässt sich eine Suppenmahlzeit z.B. durch einen knackigen Rohkostsalalat oder durch eine Quarkspeise oder Obst.
Personen, die auf ihr Gewicht achten müssen, können die angegebenen Sahne- und Käsemengen stark reduzieren.
Auf der folgenden Seite finden Sie die Nährstoff- und Energieangaben über Sahne- und Käseprodukte und über Brotbeilagen.

Werte für Brotbeilagen

Brot		Eiweiß g	KH g	BSt g	kJ	Kcal
1 Brötchen	40g	2,8	23	1,2	444	108
1 Sch. Vollkornbrot	50g	3,5	23	3,	470	114
1 Sch. Toastbrot	25g	1,8	14	1,	279	66
1 Sch. Leinsamenbr.	30g	2,4	14	3,	331	79
1 Sch. Knäckebrot	13g	1,3	10	1,6	200	48

Werte für Sahne- und Käseprodukte

	E g	F g	KJ	Kcal
50 ml Sahne	1	15	635	151
50 ml Schmand	1,5	12	520	124
50 ml Cremè fraîche	1,	20	822	196
50 ml Schmelzkäse (45%)	7,9	12	638	152
50 ml Doppelrahmfrischk.	7,5	17,5	828	197

Abkürzungen: E = Eiweiß, F = Fett, KH = Kohlenhydrate, BSt = Ballaststoffe, KJ = Kilo-Joule, Kcal = Kilo-Kalorien.

Gemüsesuppe

250g Gemüse, je nach Belieben gemischt oder einzeln, entsprechend zerkleinern. Kohlrabi u. Lauch in einen Topf geben, in
30g Butter dünsten mit
350ml Instantbrühe auffüllen. 5 Min. köcheln lassen.
75g Creme fraiche unterrühren, mit
1 Tl Soßenbinder für helle Soßen binden.
1 Bund frische Kräuter hacken, zur Suppe geben. Je nach Belieben mit etwas Schmelzkäse abschmecken.

2 Portionen, pro Portion ca.:

6g E, 23g F, 11g KH, 7g BSt; 1216 KJ / 290 Kcal.

Brot und eine Nachspeise vervollständigen das Gericht.

Möhrensuppe, 2 Portionen

250 g Möhren kleinschneiden.
ca 30 g Butter im Topf erhitzen,
Möhren darin andünsten. Mit
350 ml Instantbrühe zum Kochen bringen und
15 Min. köcheln lassen, pürieren, mit
Ingwer würzen.
2 EL Creme fraiche und
2 EL gehackte Petersilie zufügen, verrühren,
abschmecken.
1-2 EL Sesamkörner ohne Fett rösten und über
die angerichtete Suppe streuen.

Pro Portion ca.:
2 g E, 13 g F, 9 g KH, 5 g BSt., 730 KJ / 175 Kcal.

Diese Suppe eignet sich zum Einfrieren!

Brokkoli - Käsesuppe

200g Brokkoli in Röschen teilen, Stiele in Scheibchen schneiden. In Salzwasser ca 5 Min. bissfest garen, herausnehmen und abtropfen lassen.

1/2 L Instandbrühe mit

1/8 l Milch und

2 Eckchen Schmelzkäse verrühren, unter Rühren erhitzen, bis der Käse geschmolzen ist. Das Gemüse einlegen, mit

Salz, Pfeffer und 1 Prise Muskat abschmecken.

In gleicher Weise können fast alle Gemüsesuppen zubereitet werden. Mit Brot servieren.

2 Portionen, pro Portion ca.:

15g E, 15gF, 7g KH, 3,5g BSt. 959 KJ / 228 Kcal.

Basilikum - Spinatsuppe

1 Zwiebel und 1 Knoblauchzehe hacken, in
1EL Olivenöl andünsten mit
1TL Mehl bestäuben, mit
450ml Instantbrühe angießen.
1 Bund Basilikum klein schneiden, zufügen.
150g Rahmspinat tiefgefroren zugeben, aufkochen lassen. Die Suppe pürieren. Mit
100ml süßer Sahne verfeinern und mit
1EL geriebenem Parmesankäse überstreuen.

2 Portionen, pro Portion ca.:

8g E, 23g F, 10g Kh, 3,5g Bst., 1150KJ/274 Kcal.

Die schnelle Gemüsesuppe

1 Zwiebel feinhacken, 1 Knoblauchzehe durch eine Presse drücken. Einen Topf mit
15 g Butter erhitzen, Zwiebel darin glasig werden lassen, mit
3/8 l Instantbrühe auffüllen und zum Kochen bringen.
1/2 Packung TK-Suppengemüse unaufgetaut zufügen u. ca. 15 Min. garen.
4 kleine schnittfeste Tomaten enthäuten, achteln, mit 1-2 EL gehackter Petersilie zur Suppe geben. Mit Salz u. Pfeffer würzen.

Die Suppenmahlzeit mit Brot u. einem Dessert ergänzen. 2 Portionen à ca 685 kJ / 165 Kcal.

Nudelsuppe

2 kleine Zwiebel grob hacken.
2 EL Öl in einem Topf erhitzen, Zwiebeln darin glasig werden lassen.
1 Stange Lauch in Ringe und
1 Möhre in Scheiben schneiden,
1/8 Sellerie grob würfeln. Alles zu den Zwiebeln geben, mit
3/4 l Instantbrühe aufgießen, 20 Min. köcheln lassen. Nach 10 Minuten
60 g Suppennudeln zufügen. Mit Salz und Pfeffer abschmecken und mit
2 EL Petersilie überstreuen. Dazu passt kräftiges Bauernbrot.

2 Portionen.

Die leichte Gemüsemahlzeit

Werte für beliebte Beilagen

Beilage	Menge	E	F	KH	BSt.	Energien
Reis gekocht	150 g	4 g	1 g	40 g	1,5 g	825 KJ 196 Kcal
Nudeln "	150 g	7 g	3 g	36 g	6 g	855 " 204 "
Klöße	200 g	8 g	2 g	38 g	2 g	860 " 205 "
Pellkartoffeln	200 g	4 g	- g	34 g	4 g	580 " 139 "
Salzkartoffeln	200 g	4 g	- g	30 g	4 g	580 " 139 "
Pommes	200 g	8 g	26 g	62 g	8 g	2200 " 524 "
Gnocchi	200 g	12 g	3 g	69 g	6 g	855 " 203 "

Gemüse - ein leichter Genuss

Vorausgesetzt, man gibt nicht allzu viel fettreiche Geschmacksträger hinzu. Darum: fettarme Garmachungsmethoden einsetzen!

Beim Kochen wird das Gemüse in Salzwasser oder in einer Gemüsebrühe gegart. Das gekochte Gemüse braucht vor dem Anrichten nur noch in ein wenig heißer Butter und gehackten Kräutern geschwenkt werden.
Hierfür eignen sich Spargel, Blumenkohl, Brokkoli, Böhnchen.

Beim Dünsten bleiben die Inhaltstoffe besser erhalten als beim Kochen. Dünsten ist Garen in wenig Flüssigkeit, meist unter Zugabe von etwas Fett. Das Wasser verdampft bei der Wärmezufuhr, so dass das Nahrungsgut vorwiegend im Wasserdampf gegart wird. Nur die untere Schicht gart im Wasser. Die geringe Fettzufuhr verbessert den Geschmack. Fast alle Gemüsearten können durch diese Garmachungsmethode gegart werden.
Geeignete Fettarten: Butter, Margarine.

Gemüse besitzt einen hohen Nährstoff- und und einen geringen Energiegehalt

Durchschnittswerte in %:

Der Eiweißgehalt liegt zwischen 1-3%.
Eine Ausnahme bilden dicke Bohnen mit 6%, grüne Erbsen 7%, Knoblauch 6% und Rosenkohl 5%. Der Eiweißgehalt der Hülsenfrüchte

liegt zwischen 20 und 24 %.

Fett
kommt im Gemüse nur in Spuren vor.
Hier bildet die Avocado mit 15% eine Ausnahme.

Der Kohlenhydratgehalt
liegt zwischen 1 - 4 %.
Ausnahmen bilden dicke Bohnen mit 13%, grüne Erbsen 13%, Knoblauch 24%, Zuckermais 16%.

Der Ballaststoffgehalt liegt zwischen 2 und 4 %.

Der Energiegehalt
Er liegt zwischen 70 KJ / 17 Kcal und 120 KJ / 27 Kcal.
Ausnahmen bilden: Avocado 685 KJ / 163 Kcal.,
dicke Bohnen und grüne Erbsen 380 KJ / 90 Kcal,
Zuckermais 376 KJ / 90 Kcal,
Hülsenfrüchte, wie weiße Bohnen 1405 KJ / 334 Kcal.

Die Gemüsemahlzeit
lässt sich durch Beilagen, wie Kartoffeln, Reis und Nudeln zu einem Menü ergänzen.
Die Nährstoff- und Energiewerte hierfür finden Sie auf Seite 90.
Dabei kann die nötige Eiweißzufuhr durch Eier- und Milchprodukte gedeckt werden.

Möhren-Kohlrabi-Gemüse

200 g Möhren und
200 g Kohlrabi in Stifte schneiden. In einem Topf mit
1/8 l Instantbrühe zum Kochen bringen. Mit Zucker und Muskatnuss abschmecken.
15 g Butter zufügen. Topf schliessen und gar dünsten.
Vor dem Servieren mit fein gehackter Petersilie überstreuen.

2 Portionen à ca.:
2 g E, 7 g F, 8 g KH, 2 g BSt; 225 kJ / 53 Kcal.

Brokkoli mit feiner Käsesoße

500g Brokkoli in Salzwasser ca. 8 Min. köcheln, dann herausnehmen u. abtropfen lassen.
1 Eckchen Schmelzkäse mit
1/8l Instantbrühe verrühren,
100ml Schmand zufügen. Mit Salz, Pfeffer und Muskat würzen. Das Gemüse anrichten, und die Soße löffelweise darüber geben.

2 Portionenen à:

17g E, 30g F, 9,5 KH, 7,5g BSt. 1618KJ/385Kcal.

Serviervorschlag:

Mit Kartoffeln, Reis oder Nudeln servieren.

Das schnelle Brokkoligericht

500 g Brokkoli garen.
Gut abtropfen lassen und auf einer Platte anrichten. Mit
20 g geriebenem Käse bestreuen und mit
20 g zerlassener Butter beträufeln.

2 Portionen à:
9,5 g E, 10 g F, 8 g KH, 7 g BSt, 755 KJ / 179 Kcal.

Variationen:
Beide Rezepte können sowohl für Blumenkohl, als auch für Kohlrabi eingesetzt werden.

Kartoffeln mit Stippe...

dazu ein knackiger Salat! Gesunder kann unsere tägliche Kost nicht sein!!!

1 Portion Pellkartoffeln von 250g enthalten:

5 g Eiweiß, — Fett, 42g Kohlenhydrate, 5g Ballaststoffe, reichlich Vitamine, Mineralstoffe, Spurenelemente, 725 KJ / 173 Kcal.

Zubereitung:

Im Vergleich zu geschälten Kartoffeln benötigen sie eine etwas längere Garzeit und etwas mehr Salz. Sie schmecken aromatischer, wenn man Kümmel, Lorbeer oder Thymian ins Kochwasser gibt.

Schnell gepellt!

Mit kaltem Wasser abschrecken, dann pellen!

Stippe,

das kann ein im Handel befindlicher Kräuterquark oder ein selbsthergestellter Quarkdip sein. Bei der Herstellung sind der Phantasie keine Grenzen gesetzt. Reichhaltige Anregungen finden Sie in meinem Buch, „Was soll ich kochen? Rezepte rund ums Jahr".

Die Werte für 100g Kräuterquark:

10g E, 10g F, 5g KH, 1g BSt, 645KJ / 154 Kcal.

Folienkartoffeln

1 große Kartoffel, ca. 250 - 300g, gründlich bürsten und in Alufolie wickeln. Garzeit im Backofen 1 Stunde bei 200°C.

Abgeändertes Rezept: Kartoffeln im Kochtopf fast gar kochen, in Alufolie wickeln u. bei 210°C noch ca. 10 Min. im Backofen garen.

Überbackene Kartoffeln à la Provence

4 Portionen

8 mittelgroße Kartoffeln nicht zu weich kochen, pellen, längs halbieren und in eine flache, vorbereitete Auflaufform mit den Schnittflächen nach oben aufsetzen. Die Schnittflächen mit Olivenöl beträufeln.

1 Zwiebel und eine Knoblauchzehe würfeln, mit reichlich Kräutern der Provence mischen und auf die Kartoffelhälften streuen.

Im vorgeheizten Backofen 15 - 20 Min. bei 210°C backen.

Serviervorschlag:
Frühlingsquark und Rohkostsalat.

Variation: Nach etwa 8 - 10 Min. Backzeit auf jede Kartoffelhälfte eine dicke Tomatenscheibe legen u. mit ein wenig Salz bestreuen. Am Ende der Backzeit mit reichlich Parmesan überstreuen.

Gebackene Kartoffelfrikadellen auf Lauchgemüse

4 Portionen

500 g mehligkochende Pellkartoffeln pellen, zerstampfen, mit Muskat, Pfeffer und Salz würzen.

125 g geriebener Parmesan, 2 EL gehackte Petersilie, 1 Ei und

1-2 EL Paniermehl mit der Kartoffelmasse mischen und etwa 30 Min. quellen lassen.

Aus der Kartoffelmasse gleich große Kugeln formen, diese in Mehl wenden, durch

1-2 verquirlte Eier ziehen, in Paniermehl wälzen, flach drücken und in einer Pfanne in

Öl oder Butterschmalz goldgelb backen.

Auf Lauchgemüse, siehe Seite 101, oder auf ein anderes Gemüse Ihrer Wahl anrichten.

1 Portion enthält ca.: 10 g E, 17 g F, 22 g KH, 2,5 BSt. 927 kJ / 221 kcal.

Gebratene Pilze in Sauerrahm zu Blattsalat und Kartoffelpüree

2 Portionen

1 Zwiebel würfel und in
30g Butter dünsten.
500g gemischte Pilze oder Champignons trocken putzen, blättrig schneiden, zur Zwiebel geben, etwa 5 Min. braten, zwischendurch umrühren.
2 El Semmelmehl darüber streuen, umrühren.
Salz und Pfeffer zufügen und kurz weiterbraten.
150 ml Sauerrahm oder Schmand zufügen, mischen, mit
1 EL gehackter Petersilie überstreuen. Dazu Blattsalat und Kartoffelpüree oder Salzkartoffeln reichen. Pro Portion ca.: 12g E, 30g F, 8g KH, 7g BSt, 1516 KJ / 361 Kcal.

Lauchgemüse in feiner Sahnesoße

4 Portionen

3 Stangen Lauch in Scheiben schneiden, tropfnass in einen Topf geben und in etwas Butter gar dünsten.
1 gehackte Zwiebel mit
1 gepressten Knoblauchzehe in etwas Öl goldgelb braten, mit
50ml Wein ablöschen
200ml Sahne oder Creme fraîche zufügen, sämig einkochen, schaumig aufschlagen, den Lauch und
3 enthäutete, entkernte und gewürfelte Tomaten zufügen, mit Salz und Pfeffer abschmecken.

Serviervorschlag: Mit Gnocchi oder Kartoffelfrikadellen anrichten.

Champignon-Tomaten-Gemüse

2 gehackte Zwiebeln in
2 EL Öl rösten.
500g Champignons trocken putzen, zerkleinern u. Saft
1 Knoblauchzehe zufügen. 10 Min. dünsten.
5 Tomaten überbrühen, abschrecken, enthäuten, achteln, entkernen, zugeben und weitere 5 Minuten dünsten, mit
1 EL Zitronensaft beträufeln und mit
Salz, Pfeffer und Rosmarin abschmecken.

2 Portionen à:

10g E, 6g F, 28g KH, 465 kJ / 110 kcal.

Das Gericht schmeckt sowohl zu Brot, als auch zu Reis, Nudeln und Kartoffeln.

Knödel mit Rahmpilzen

zu Blattsalat, 4 Portionen

Halbfertiggericht für eilige Köche

2 Packungen Knödel nach Verpackungsangaben zubereiten.
1 Dose Mischpilze, ca. 600g, abtropfen lassen.
2 Stangen Lauch schräg in Scheiben schneiden
30g Fett in einer Pfanne erhitzen, Lauch und Pilze darin dünsten.
1/2l Wasser zufügen.
2 Päckchen „Rahmsoße" oder 2 Beutel „Fix für Rahm-Champignons" einrühren, aufkochen und 1 Min. köcheln lassen.
Pilze über die Knödel geben, mit Petersilie bestreuen.

Pochierte Eier auf Blattspinat

1 gewürfelte Zwiebel in
40g Butter goldgelb rösten.
750g Blattspinat zufügen (oder TK-Kost einsetzen).
Unter Wenden zusammenfallen lassen.
4 pochierte Eier, Zubereitung siehe Seite 9.

Brot-Croutons:

2 Scheiben Toastbrot würfeln, zusammen mit
1 feingehackten Knoblauchzehe in etwas Butter goldbraun rösten.

Spinat auf einer Platte anrichten, die abgetropften pochierten Eier darauf verteilen, Croutons darüber streuen.

1 Portion enthält ca.:

11g E, 7g F, 11g KH, 5g BSt., 788 KJ / 188 Kcal

Spiegeleier „Straßburg"

500 g	Champignons trocken putzen, in Stücke schneiden, mit Mehl bestäuben, in
30 g	erhitzter Butter goldgelb dünsten. In eine flache vorbereitete Auflaufform füllen.
4	Scheiben „Schweizer Käse" auflegen.
4 EL	Schmand mit 3 EL Milch verrühren, mit
Salz	und Paprika abschmecken und über die Käsescheiben füllen.
4	Eier einzeln aufschlagen und darauf gleiten lassen.

Im vorgeh. Backofen ca. 12 Min. bei 220°C backen, bis die Eier gestockt sind.

Dazu passen Kartoffeln, Reis oder Nudeln mit einem knackigen Rohkostsalat.

4 Portionen, 1 Portion ca:

14 g E, 22 g F, 4 g KH, 1 g BSt., 1164 KJ / 277 Kcal.

Eierfrikassee mit Gemüse

1 Rezept „Helle Grundsoße" Abänderung „Kräutersoße", siehe Seite 11.

600 g "bissfest gegartes Gemüse, wie Blumenkohl, Spargel, Kohlrabi, Pilze, Erbsen oder Möhren mit der Kräutersoße mischen.

4 hartgekochte Eier würfeln, zur Soße geben und sorgfältig mischen, in eine Schüssel füllen und mit gehackter Petersilie bestreuen.

Dazu passen Salzkartoffeln, Kartoffelpüree, Reis oder Nudeln.

4 Portionen, 1 Portion enthält ca.:

13 g E, 17 g F, 6 g KH, 4 g BSt, 1085 KJ / 258 Kcal - ohne Soße!

Brokkoli - Eier - Gratin

4 Eier hart kochen, abschrecken, pellen.
600g Brokkoliröschen bissfest garen.
1/2 Rezept Käsesoße zubereiten, siehe Seite 11.

Etwas Soße in eine vorbereitete Auflaufform füllen. Die Eier in Scheiben schneiden, schuppenartig auf die Soße legen, darauf die Brokkoliröschen verteilen und die restliche Soße darüber gießen.

Im vorgeh. Backofen ca. 10 Min. bei 210°C überbacken.
50 g Pinienkerne in einer trockenen Pfanne leicht rösten und das Gericht vor dem Anrichten damit überstreuen.

4 Portionen, à.:
14g E, 22g F, 6g KH, 4g BSt., 1201 KJ / 286 Kcal.

Gemüserisotto mit Sesam

1 gewürfelte Zwiebel und
200g Reis in
40g Butter goldgelb anschwitzen. Reis mit
1/8l Weißwein und ca. 3/8l Instantbrühe auffüllen und bei sehr schwacher Wärmezufuhr in ca. 20 Min. garen.

Das Reisgericht kann fast mit jedem Gemüse vermischt werden.

4 Portionen, à:

4g E, 9g F, 39g KH, 1g BSt., 742 kJ/176 Kcal.

Gemüsezubereitung:

Für eine Portion rechnet man etwa 150g Gemüse

Reis mit Spargel

Den gegarten Reis mit gekochten Spargelstückchen mischen und mit feingehackter Petersilie bestreuen oder unterziehen.
½-1 EL Sesamkörner in einer Pfanne rösten und den Reis damit überstreuen
Mit Crème fraîche lässt sich das Gericht verfeinern, erhöht aber auch den Energiegehalt.

Reis mit Erbsen

Die Erbsen werden nach dem Kochen zum Reis gegeben.

Reis mit Lauch, Wirsing u. Möhren

Das jeweilige Gemüse wird entsprechend zerkleinert, in etwas Butter gedünstet und dann zum Reis gegeben.

Reis mit Pilzen. Für jede Portion rechnet man 60g Pilze, Trocken putzen, zerkleinern, in etwas Butter mit Petersilie dünsten und zum fertigen Reis geben.
Serviervorschlag: Panierter Camembert, s. Seite 112.

Gemüse-Eier-Pfanne

2 Portionen

1	Zwiebel und 1 Knoblauchzwiebel fein hacken, in
20g	Butter dünsten.
100g	Pilze trocken putzen, in Scheiben schneiden, mit etwas Zitronensaft beträufeln, mit Mehl bestäuben, in die Pfanne geben und braten.
1	Paprika in Streifen schneiden, zufügen 5 Min. dünsten. Dann
200g	in Stücke geschnittene Tomaten zugeben. Pfannendeckel auflegen u. weitere 10 Min. garen. Mit
Salz	und Pfeffer würzen,
2 EL	Schmand unterrühren und abschmecken.
2	Eier aufschlagen, auf's Gemüse gleiten und stocken lassen.

Zum Ergänzen der Kohlenhydrate dienen Kartoffeln, Reis oder Nudeln.

2 Portionen à ca: 9gE, 12gF, 8gKH, 4,5gBSt; 778KJ/186 Kcal.

Möhren - Brokkoli - Gratin

200g Möhren in Scheiben schneiden in wenig Salzwasser 5 Minuten kochen.

300g Brokkoli in Röschen teilen, zufügen, weitere 3 Min. köcheln, dann über ein Sieb schütten.

1 gewürfelte Zwiebel mit dem abgetropften Gemüse mischen und in eine vorbereitete feuerfeste Form füllen.

100ml Sahne mit 1EL Schmand verrühren, mit

Salz, Pfeffer, Thymian u. Muskat pikant abschmecken und über das Gemüse gießen. Mit

2EL geriebenem Emmentaler Käse bestreuen.

Im vorgeh. Backofen ca. 30 Min. bei 200°C backen.

2 Portionen à ca:

6g E, 18g F, 8g KH, 6g BSt.; 960KJ / 230 Kcal

Kräuterreis mit Camembert

2 EL Öl in einem Topf erhitzen, Saft von
2 Knoblauchzehen und
225 g Langkornreis zufügen, leicht anschwitzen, mit
1/2 l Fleischbrühe ablöschen, sprudelnd aufkochen lassen, den Reis bei milder Hitze im geschlossenen Topf 25 Min. ausquellen lassen.
1 Bd. gemischte, gehackte Kräuter zufügen.
Die Reismenge reicht für 3-4 Portionen.

Die Camemberts zuerst in Mehl wenden, dann in Salz und Paprika verquirlten Eiern und zum Schluss in Semmelbröseln. Siehe auch S. 121.
Camembert mit Preiselbeeren servieren.
1 Portion Camembert ca 60 g.

4 Portionen à:
20 g E, 22 g F, 60 g KH, 6 g Ballastst.; 532 Kcal / 2234 KJ.

Grüner Blattsalat

200g Blattsalat waschen und in mundgerechte Stücke zupfen. Pro Portion rechnet man 50g. Blattsalat harmoniert mit fast allen Salatsoßen.

Blattsalat 4 Portionen à ca:
0,5g E, 0,5g KH, 1g Bst., 20KJ / 4,5 Kcal

Beliebte Salatsoßen

Saure - Sahne - Soße

200ml saure Sahne oder Schmand, etwas Zitronensaft, 2EL Weißwein mit Kräutern verrühren. Mit Salz, Pfeffer und Zucker abschmecken.

Vinaigrette: Je 2 El Essig, Weißwein und Wasser, je 1 Prise Salz und Pfeffer mischen. 4-5 EL Öl unter Rühren zufügen. Mit fein gehackten Kräutern, Zwiebeln und Zucker abschmecken.

Weißkohlsalat

400g Weißkohl sehr fein hobeln,
2 säuerliche Äpfel grob raffeln, mit dem Saft
1 Zitrone beträufeln, 1 Tl Zucker zufügen.
200g Möhren raspeln. Die Zutaten mischen.
4 Portionen à ca:
2g E, 20g KH, 5,5g BSt.; 395 KJ / 94 Kcal.

Den Salat können Sie wahlweise mit einer Vinaigrette oder einer cremigen Soße mischen.

Schlankheitskräutersoße

1 hartgekochtes Eigelb mit einer Gabel zerdrücken, mit 5 EL Joghurt, 1 EL Zitronensaft und 1-2 EL gehackten Kräutern mischen. Mit Salz, Pfeffer und Zucker abschmecken. Mit dem Salat mischen.
4 Portionen à ca: 130 KJ / 31 Kcal.

Weitere beliebte Salatsoßen sind „Tatarensoße", u. „Amerikanische Soße". Kalt zubereiten! Seite 12.

Gemischte Möhrensalate

Variationsmöglichkeiten

400g Möhren u. 200g Äpfel grob raspeln.
200g Ananas in Stückchen schneiden. Mit Marinade anmachen.

• • • • •

400g Möhren, 150g Sellerie u.
100g Kohlrabi raspeln, 1 kl. Lauchstange in Ringe schneiden. Mit einer Marinade oder einer cremigen Salatsoße anmachen.

• • • • •

300g Möhren, 300g Äpfel, 300g grüne Weintrauben. Mit Marinade anmachen.

• • • • •

Marinade: Ca. 6-8 EL Apfel- oder Ananassaft, 1-2 EL Zitronensaft, 1 EL geh. Petersilie, mit Senf, Zucker und ein wenig Salz abschmecken.

• • • • •

Fitness-Salat:
2 Paprika in Streifen, 200g Tomaten in Scheiben, 200g kleine Zucchini und 200g Champignons ebenfalls in Scheiben schneiden. Mit einer Vinaigrette mischen.

Kleine Imbisse für gesellige Abende

Für Stunden der Muße und Entspannung

Für Stunden der Muße und Entspannung...

Dieses Kapitel bringt Rezepte für kleine Köstlichkeiten, die sich gut vorbereiten lassen oder die kurzfristig mit einem geringen Arbeitsaufwand zubereitet werden können.

In Miniformat können sie vor einem opulenten Essen als Vorspeise gereicht werden.
Doch besonders geschätzt und geliebt werden die kleinen Delikatessen als Mittelpunkt eines „kleinen Essens" — zubereitet für Stunden der Muße und Entspannung zu zweit oder für liebe Freunde, die zu einer kleinen, gemütlichen Runde eingeladen werden.

Serviervorschläge

Ein knackiger Rohkostsalat passt immer

und bringt die notwendige Ergänzung.
Das frische Gemüse mit seinen grünen, gelben und roten Farben, sein Wohlgeruch und sein würziger Geschmack regen nicht nur den Appetit an, sondern verleihen der Tafel einen farbenfrohen, festlichen Charakter.
Stangenbrot und Kräuterbutter bringen weitere Ergänzungen.
Je nach Lust und Laune kann man das Essen üppiger gestalten. So kann z.B. vor dem Essen eine Suppe gereicht oder ein Dessert angeboten werden.

Gebackener Käse mit Kräutern paniert

2 Portionen

200g Schafskäse oder Emmentaler in 1cm dicke Scheiben schneiden, in Mehl wenden und durch
1 verquirltes Ei ziehen.
40g Paniermehl mit
20g gerösteten Sesamkörnern und je
1 gehäufter TL Thymianblättchen, Petersilie und Majoran mischen und die Käsescheiben damit panieren.
In einer Pfanne mit heißem Fett knusprig ausbraten.

Serviervorschlag: Mit Salat anrichten, dazu Stangenbrot und Kräuterbutter servieren.

Gebackener Camembert mit gebratenen Ananascheiben und Preiselbeeren

4 große Ananasscheiben halbieren, in Mehl wenden und in einer Pfanne von beiden Seiten goldgelb braten.

4 fertig panierte Camemberts von jeder Seite etwa 3 Minuten in Butterschmalz braten, bis die Panade goldbraun ist, mit Preiselbeeren garnieren und den Portionsteller mit etwas Salat ausdekorieren.

Serviervorschlag:

Dazu passt ein bunter gemischter Salat oder Kopfsalat in Sahnesoße und Preiselbeerkompott. Als Ergänzung dient Stangenbrot und Butter oder Kräuterreis.

Gefüllte Champignons mit Krabben, Mandarinenspalten und Romanasalat

12 mittelgroße-große Champignons trocken putzen, Stiele herausdrehen, die Kappen leicht aushöhlen u. mit Zitronensaft beträufeln.

100g geputzte Champignons und die Stiele in kleine Würfel schneiden.

2 EL Öl in einer Pfanne erhitzen,

1 gewürfelte Zwiebel darin goldgelb dünsten, Pilzwürfel zufügen, kurz mitbraten.

2 Romanasalatblätter in feine Streifen schneiden, untermischen u. auskühlen lassen.

1 kleine Dose abgetropfte Mandarinenspalten und

200g abgespülte u. abgetropfte Nordseekrabben zufügen u. untermischen. Mit dem Saft

½ Zitrone, Pfeffer, Salz, 1 TL Ketchup abschmecken.

Die Pilzkappen von beiden Seiten anbraten, mit Salz und Pfeffer würzen und mit dem Krabbenragout füllen.
Romanasalat vierteln, waschen, trockenschleudern, eine Platte oder Portionsteller damit auslegen und die gefüllten Pilze darauf setzen.

Krabbencocktail „Jokohama"

3 hartgekochte Eier, 3 Gewürzgürkchen, 3 Äpfel in kleine Würfel schneiden. Mit
1 kleinen Dose abgetropfte Mandarinenspalten und 150 g Krabben mischen.

Salatsoße

200 ml süße Sahne mit Salz, Zucker, Tomatenketchup Weinbrand und Mandarinensaft abschmecken.
Die Salatzutaten mit der Soße mischen.
Dieser Salat ist auch zum Füllen von Champignons geeignet. Man kann ihn aber auch auf Salatblättern oder in Cocktailgläsern anbieten, wenn er als Vorspeise angeboten werden soll.

Lauch-Käse-Flan auf feinem Pilzragout

2 Frühlingszwiebeln und
1 Stange Lauch in sehr feine Ringe schneiden. In etwas Butter fast gardünsten.
4 Eier
200 ml Sahne mit 1 TL Stärkemehl verschlagen. Mit Salz und Pfeffer abschmecken.
100 g pikanten, geraspelten Käse und das Lauchgemüse untermischen.

Feuerfeste Förmchen einfetten, mit Paniermehl ausstreuen. Um beim Stürzen mehr Sicherheit zu haben, legt man einen Streifen Pergamentpapier ein, er wird fest angedrückt u. mit Fett bepinselt.
Im vorgeheizten Backofen ca. 30 Min. bei 190-200°C backen. Nach dem Backen noch etwa 5 Min. stehen lassen, bevor man die Förmchen stürzt.

Statt Förmchen können auch Tassen eingesetzt werden. In diesem Falle etwas Wasser in die Fettpfanne des Backofens füllen und den Flan im Wasserbad garen. Auf Paniermehl verzichten, es wird im Wasserbad nicht braun.

Pilzragout

500 g	frische, kleine Champignons und
100 g	Mischpilze trocken putzen und nicht zu fein schneiden, mit Zitronensaft beträufeln und mit Mehl bestäuben.
1	kleine Zwiebel in
40 g	Butter in einer Pfanne anschwitzen. Pilze zufügen u. mitbraten. Mit etwas Koriander, Salz u. schwarzem Pfeffer abschmecken.

Den gestürzten Flan auf dem Pilzragout anrichten. Mit Schnittlauch überstreuen.

Serviervorschlag: Stangenbrot u. Kräuterbutter.
Variation: Lauch durch anderes Gemüse austauschen.
Hinweis: Man kann den Flan auch vorzeitig zubereiten und vor dem Verzehr kurz erhitzen, (im Backofen) oder in der Mikrowelle 2-3 Min. bei 450 °C.

Brandteigkrapfen mit Lachscreme

Brandteig: 1/4 l Wasser,
75 g Butter, 1 Pr. Salz in einem Topf zum Kochen bringen. Den Topf von der Herdstelle nehmen u.
150 g Mehl mit einem Schneebesen unterschlagen. Den Topf wieder auf die Platte setzen und so lange rühren, bis sich ein Kloß gebildet hat. Nach und nach einzeln
3 - 4 Eier unter den Teig schlagen. Dann
1 Msp. Backpulver und
50 g geriebenen Käse unterziehen.
Ein Backblech mit Backtrennpapier auslegen. Den Brandteig in einen Spritzbeutel füllen u. kleine Windbeutel aufspritzen oder mit einem Löffel den Teig aufs Blech setzen. Die Windbeutel ca. 20 Min. bei 200°C im vorgeh. Backofen backen.

Nach dem Backen von den Windbeuteln eine kleine Haube abschneiden, damit sie ausdampfen können. (Am besten mit einer Küchenschere.)

Füllung:

3 Eier hart kochen, abschrecken, pellen, halbieren, Eigelb herausnehmen. Eigelb mit
100g Kräuter Crème fraîche,
100g Räucherlachs und
200g Doppelrahmfrischkäse pürieren. Mit ein wenig Tomatenketchup u. Zitronensaft würzen.

Die Füllung in die Windbeutel spritzen. Die abgeschnittenen Käppchen mit etwas Öl bepinseln, dann in gehackter Petersilie drücken und auf die Füllung setzen. Mit Dillwedeln garnieren.

Serviervorschlag:

Gemischter Blattsalat mit Spargelstückchen, Mandarinenspalten, gewürfeltes Resteeiweiß. Mit einer Sahnesoße, s. Seite 113, anmachen. Dazu Stangenbrot, Butter; je nach Belieben Käse als Aufschnitt.

Avocado mit „Helgoländer Füllung", serviert zu Rohkostsalat, Stangenbrot und Kräuterbutter

Füllung:

2-3 Scheiben Ananas in sehr feine Stückchen schneiden. Mit
150g Krabben, 3 EL Mayonnaise, 1 EL Zitronensaft,
2 EL Cognac und mit ausgehöhltem Avocadofruchtfleisch mischen.

Die reifen Avocado der Länge nach halbieren und mit einem Löffel aushöhlen. Einen Rand von ca 1 cm Stärke stehen lassen.
Schnittflächen und Fruchtfleisch sofort mit Zitronensaft beträufeln. Das Fruchtfleisch zur Füllung geben und damit die Avocado füllen.

Die gefüllten Avocados können mit einem beliebigen Rohkostsalat, mit Stangenbrot und Kräuterbutter serviert werden.

Abänderung:

Die Krabben können durch klein geschnittenen geräucherten Lachs ausgetauscht werden.

Avocado mit Käsefüllung

100g Blauschimmelkäse zuerst mit der Gabel zerdrücken, dann mit
200g Kräuterfrischkäse und
2 EL Sahne verrühren.
100g Gouda feingewürfelt zufügen, mit
1 EL Zitronensaft, mit Pfeffer, Schnittlauch, Basilikum und Salz würzen. Zum Schluss das Avocadofruchtfleisch untermischen und die Avocado damit füllen.

Melonencocktail mit geräuchertem Lachs auf Dillsoße

Melonencocktail

Wenn möglich, 2 verschiedene Melonenarten einsetzen. Die Kerne aus der Melone herausnehmen. Mit einem Kartoffelbohrer Kugeln ausbohren, in eine Schüssel füllen. Saft von
1 Zitrone und
2EL Cognac zufügen, mit je 1 Pr. Pfeffer u. Salz würzen. Kalt stellen.

Dillsoße

1 kleine Zwiebel fein würfeln, in
1El Butter andünsten, reichlich
1/2Tl Speisestärke darüber stäuben u. verrühren.

100ml frische Sahne u. Saft 1 Zitrone zugießen.
2 EL Creme fraiche unterrühren und mit
Salz und Pfeffer abschmecken.
1 Bd. Dill waschen, trockenschütteln. Einige Wedel zum Garnieren beiseite legen, den Rest hacken und unter die Soße rühren.

Etwas Dillsoße auf einen Teller gießen, Lachsscheiben darauf anrichten, Melonenkugeln dazulegen und ganz leicht mit schwarzem Pfeffer bestäuben. Mit Stangenbrot, Butter und der restlichen Dillsoße servieren.

Melonencocktail kann auch in Gläsern serviert werden oder man richtet ihn auf Tellern zusammen mit Krabben oder mit einer „Helgoländer Füllung" an.

Tomaten, gefüllt mit Eier-Erbsen-Salat serviert zu Kartoffelsalat

Je nach Größe, von 4 o. 8 gleichgroßen Tomaten die Deckel abschneiden, aushöhlen, mit etwas Salz würzen.

Füllung:

4 hartgekochte Eier halbieren, Dotter herauslösen, und eine Eigelb-Käsemasse herstellen. S.167 Das Eiweiß grob hacken und mit ca.

200g gekochten Erbsen mischen. Mit einer Remouladensoße (Fertigprodukt) anmachen.

Die ausgehöhlten Tomaten damit füllen.
Mit der Eigelbmasse eine Kappe aufspritzen. Je nach Belieben kann das Tomatendeckelchen angelehnt werden.
Tomaten auf Salatblättern anrichten, mit Oliven und Petersilie garnieren.

Kartoffelsalat

Ca. 750 g	gegarte Pellkartoffeln abschrecken, pellen, erkalten lassen, in Scheiben schneiden.
4–5	Gewürzgürkchen, ca. 60 g und
2	Schalotten würfeln. Mit den Kartoffeln mischen.

Salatsoße:

4 EL	Remoulade mit
200 ml	Schmand, Gewürzgurkenlake nach Geschmack,
1 Bund	Schnittlauchröllchen u. 1 TL Senf mischen. Mit
Salz	und Pfeffer abschmecken.
	Die Soße mit den Kartoffeln mischen. Mindestens 1 Stunde ziehen lassen und nochmals abschmecken.

Tomaten mit Kartoffelsalat können je nach Belieben noch mit einem Blattsalat ergänzt werden.

Orangen - Forellenfilets mit Meerrettichsahne, warmem Stangenbrot u. Butter

Für ein kleines Abendessen rechnet man pro Portion 2 Forellenfilets.
Die geräucherten Forellenfilets werden von Haut und Gräten befreit. Dann 2 Filets auf jeden Teller legen.

2 Orangen waschen und abtrocknen. Von einer Orange die Schale abreiben und den Saft auspressen. Die andere Orange in 8 Scheiben schneiden.

Meerrettichsahne:

200 ml Sahne mit Sahnesteif schlagen, mit
2 EL Meerrettich mischen, mit Orangensaft,

Salz u. Zucker pikant abschmecken.

Auf die Portionsteller je eine Orangenscheibe legen, die mit reichlich Meerrettichsahne bespritzt und mit sehr fein gehobelten Orangenschalen bestreut wird. Mit Petersilie und einer weiteren Orangenschale ausgarnieren.

Serviervorschlag:

Warmes Stangenbrot oder frisch geröstetes Toastbrot mit Kräuterbutter.

Variationen: Forellenfilets können mit Makrelenfilets ausgetauscht werden. Dabei ist zu berücksichtigen, dass die Makrelenfilets größer und wegen ihres höheren Fettgehaltes sättigender sind. Zudem besitzen sie sehr viel kleine Gräten. Diese lassen sich vor dem Anrichten mit einer Pinzette entfernen.

Statt mit Orangen lassen sich Forellenfilets mit Preiselbeer gefüllten Birnen- u. Pfirsichhälften, mit Sauerkirschen, Weintrauben und Kiwischeiben ergänzen.

Lachs-Crêpes mit Spargel

ca 4 Portionen

Crêpes:

175g Mehl, 1 Pr Salz, 1/4 l Milch und
3 Eier zu einem dünnflüssigen Pfannkuchenteig verrühren.
2 EL zerlassene Butter darunter schlagen.
Aus diesem Teig ohne Fett nacheinander dünne Pfannkuchen backen.

100g Doppelrahmfrischkäse mit Crèmefraiche glattrühren, die Crèpes damit dünn bestreichen, mit
Räucherlachsscheiben belegen, (ca. 6 Scheiben), aufrollen und in Scheiben schneiden.
Die Crèpes können auch ohne Käsecreme belegt werden, die Scheiben fallen dann aber schnell auseinander.

Spargel

1- 1,5 Kg	Spargel, (weiß und grün gemischt), in
2 l	kochendem Salzwasser, mit einem Zusatz von
1 Tl	Butter und etwas Zucker in 15 Min. garen.

Spargel aus dem Wasser nehmen, gut abtropfen lassen und auf vorgewärmten Tellern verteilen. Die Crèpes-Scheiben dazugeben und den Spargel mit einer Soße (z.B. Hollandaise) oder mit flüssiger Butter überziehen.

Lachs-Crèpes-Variationen:

Vorspeise: Für eine Vorspeise werden je nach Größe 1-3 kleine Scheiben mit einem Salatblatt angerichtet.

Salatteller: Sie können aber auch als Ergänzung zu einem Salatteller, zusammen mit 1/2 Scheibe Räucherlachs gereicht werden.

Gebackene Käsetaler auf Tomatenragout mit warmem Knoblauchbrot

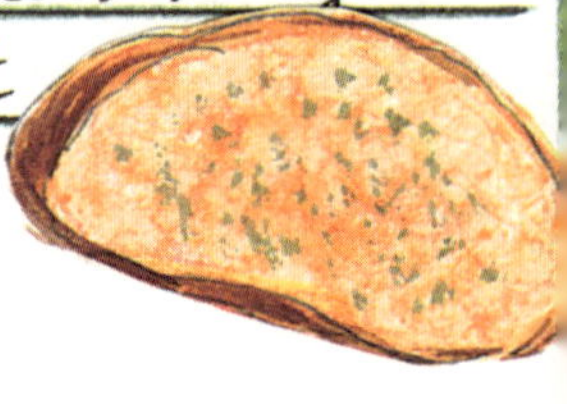

Tomatenragout

1 gewürfelte Zwiebel und
2 Knoblauchzehen in etwas
Öl anschwitzen, mit
50ml Weißwein und 70ml Tomatensaft ablöschen.
1EL Zucker zufügen, sämig einkochen lassen.
5 Tomaten enthäuten, entkernen, würfeln.
Die Würfel zufügen, mit Salz, Pfeffer und Thymian abschmecken.

Käsetaler

300g mittelalter Gouda-Käse zuerst in ca.

1½ cm dicke Scheiben schneiden, dann Taler ausstechen.

1 Ei verquirlen. Käse zuerst in Mehl, dann in Ei und zuletzt in Paniermehl wenden.

4-5 EL Öl in einer Pfanne erhitzen, Käsetaler darin portionsweise unter Wenden goldbraun braten.

Anrichten: Tomatenragout wahlweise auf eine Platte oder auf Portionsteller füllen. Käsetaler darauf anrichten und mit Basilikumblättchen garnieren. Dazu passt warmes Knoblauchbrot.

Gebackene Käsehappen zu buntem Salat

300 g mittelalter Gouda in ca. 6 cm lange u. 1½ cm breite Stifte schneiden.

Weitere Zubereitung siehe „Käsetaler".

Bunter Salat: Eine Vinaigrette zubereiten. Seite 113.

150 g in Scheiben geschnittene Champignons und

1 gewürfelte Paprikaschote mit der Salatsoße mischen. Zugedeckt ziehen lassen. Vor dem Servieren ½ Kopf vorbereiteten Blattsalat unterheben.

Gefüllte Brötchenhälften

Sie können als Imbiss zu Bier oder
als kleines Abendessen, zusammen mit einer
klaren Suppe oder einem Salat angeboten werden.

Zwiebelbrötchen

3-4 Brötchen halbieren, ein Teil der Krume heraus nehmen, zur Seite stellen.
200g gewürfelte Zwiebeln und
200g trocken geputzte und in Scheiben geschnittene Champignons leicht mit Mehl überstäuben und in
30g erhitzte Butter dünsten. Die zerkleinerte Krume kurz mitbraten, dann in eine Schüssel füllen.
2 EL gehackte Kräuter,

120 g Emmentaler würfeln
2 Eier mit 2 EL Sahne verquirlen. Alle Zutaten vermischen. Mit Salz, Pfeffer und Oregano abschmecken.
Die Masse in die Brötchenhälften füllen. Im vorgeheizten Backofen ca. 15 Min. bei 210°C überbacken.

Gemüsebrötchen

4 Brötchen halbieren, die Krume teilweise herausnehmen und beiseite stellen.
1-1½ Lauchstangen in Ringe schneiden,
1 Zwiebel würfeln, zusammen in
40 g erhitzter Butter fast gardünsten, dann in eine Schüssel füllen.
½ Bund Frühlingszwiebeln und
2 Camembert in Stückchen schneiden.
2 Eier mit
1 kleinen Becher Creme fraiche verquirlen.
Alles zusammen mit der Krume zum Gemüse geben. Mit Salz, Pfeffer, Majoran u. Thymian mischen. Die Brötchenhälften damit füllen. Weitere Zubereitung siehe Zwiebelbrötchen.

Birnen - Canapés

4 schräggeschnittene Scheiben Baguette-Brot toasten, noch warm mit Kräuterbutter bestreichen.

4 gekochte Birnenhälften trockentupfen. Die Öffnungen der Kerngehäuse mit Gorgonzola-Käse füllen. Auf jede Brotscheibe eine Birnenhälfte legen. Im Backofen unter dem Grill erhitzen. Bevor man sie aus dem Backofen nimmt, werden sie mit je

1 Scheibe Käse belegt, schmelzen lassen. Pro Portion rechnet man 2 Canapés.

Serviervorschlag:

Grüner Salat, Preiselbeerkompott oder Preiselbeersahne.

Camembert - Birnen - Toast

4 Scheiben Toast toasten, abgekühlt mit Butter bestreichen.
4 gekochte Birnenhälften trockentupfen, in dicke Scheiben schneiden und auf die Brotscheiben legen.
2 Camembert oder Gorgonzola in Scheiben schneiden. Die Birnen damit bedecken. Mit Mandelblättchen bestreuen.
Im vorgeheizten Backofen ca. 7 Minuten bei 200 °C überbacken.
Mit gehackter Petersilie überstreuen.
Garnieren mit Petersilie, Kiwi- oder Orangenscheiben.

Serviervorschlag:
Preiselbeerkompott und Blattsalat.

4 Portionen

Lauch-Mandarinentoast

2 Portionen

50 g Butter mit
1 EL gemahlenen Nüssen verrühren.
1 Stange Lauch in Ringe schneiden und in
20 g Butter nicht zu weich dünsten. Mit
Salz und Pfeffer würzen.
1 Döschen Mandarinen abtropfen lassen.
2 Scheiben Brot kurz toasten, mit Nussbutter bestreichen, nacheinander mit Lauch und Mandarinenspalten belegen und mit
50 g geriebenem Käse bestreuen.

Im vorgeheizten Backofen ca. 5–7 Min. bei 210°C überbacken.

Variationen: Mandarinenspalten können gegen Ananasstückchen u. der geraspelte Käse gegen Scheiben ausgetauscht werden. Käse erst 1–2 Min. vor Ende der Garzeit zufügen.

Schlemmerschnitte

2 Portionen

2 gekochte Sellerieschеiben und
2 Scheiben Brot in einer Pfanne in Butter von beiden Seiten kurz anbraten.
2 Spiegeleier zubereiten.

Die Brotscheiben werden nacheinander mit Schweizer- oder Raclettekäse, Sellerieschеiben, Spiegeleier belegt. Mit etwas Tomatensoße übergossen und mit gehackten Kräutern überstreut.

Dazu schmeckt ein knackiger Rohkostsalat.

Sellerie-Käse-Toast

4 Portionen

2-3 Tomaten entkernen, würfeln, mit Salz und Pfeffer würzen und mit gehackten Kräutern mischen.

4 Scheiben Brot toasten.

4 gekochte Sellerieescheiben abtupfen, in Paniermehl wenden u. von beiden Seiten in Butter goldgelb braten.

Die getoasteten Brotscheiben leicht buttern, mit Käsescheiben bedecken, mit den Sellerieescheiben belegen, diese mit Kräuterfrischkäse bestreichen. Zum Schluss die Tomatenwürfel mit den gehackten Kräutern darüber streuen.

Diese Toastschnitten können warm und kalt serviert werden. Möchte man sie heiß servieren, werden sie ca. 15 Min. bei 200°C überbacken. Mit Petersilie garnieren.

Pilz - Canapés

2 Portionen.

400g frische Champignons trocken putzen. Je nach Größe halbieren oder vierteln, mit Zitronensaft beträufeln, salzen, pfeffern und in Mehl wenden.

6 EL Olivenöl in einer Pfanne erhitzen. Pilze unter ständigem Rühren darin braten.

1 Fleischtomate enthäuten, entkernen, würfeln.

4 EL gemischte gehackte Kräuter mit den Tomaten zu den Pilzen geben, kurz dünsten, mit ein wenig Zitronensaft und Weißwein ablöschen.

5 Minuten braten u. auf aufgebackene Baguettescheiben anrichten. Mit Kräutern und Tomaten garnieren und mit einem knackigen Rohkostsalat servieren.

Bruschette

Bruschette, ausgesprochen Bruskette, das sind 1cm dicke Brotscheiben, die mit Olivenöl und Knoblauch in der Pfanne oder im Backofen goldbraun gebacken und dann belegt werden, z. B. mit Tomaten.
Sie werden mit frischen Kräutern, wie Basilikum, Oregano, Petersilie überstreut und können sowohl mit als auch ohne Käse überbacken werden. Je nach Belieben und Phantasie können daraus ungezählte Rezepte gezaubert werden.

Eine Bruschetta reicht man:

- Als kleinen Imbiss zu Wein und Sherry,
- als Vorspeise, als kleines Abendessen mit einem Salat.

Tomaten Bruschetta nach Hausfrauenart

2 Portionen

1-2 El Basilikum oder gemischte Kräuter hacken.
3 Tomaten entkernen und würfeln, mit den Kräutern mischen, auf ein Sieb geben.
6 schräggeschnittene Baguettescheiben von beiden Seiten mit etwas Olivenöl bepinseln. Brotscheiben beidseitig unter dem Grill des Backofens rösten. Einseitig mit einer Knoblauchzehe einreiben. Tomatenwürfel darauf verteilen. Leicht salzen und pfeffern. Mit Kräutern überstreuen und dekorieren.

Variation:
Mit je einer Käsescheibe belegen oder mit geraspeltem Käse überstreuen und überbacken.

Falsche Pizza   4 Portionen

4 Brotscheiben mit Knoblauch einreiben, in Olivenöl von beiden Seiten braten.
1 kleine Dose geschälte Tomaten zerdrücken u. abtropfen lassen, auf die Brotscheiben füllen, mit
Salz, Kapern, Oregano und ein wenig Pfeffer bestreuen und mit
Mozzarellascheiben belegen. Die „falschen ‚Minipizzas" auf ein Backblech legen und überbacken, bis die Mozzarella schmilzt.

Thunfisch - Happen

1 Dose Thunfisch. Öl gut abtropfen lassen.
4 Brotscheiben und
4 dicke Apfelscheiben in einer beschichteten Pfanne in etwas Thunfischöl braten.
Brot mit Apfelscheiben belegen. Thunfisch darauf verteilen und mit Kapern bestreuen.

Marinierte Pflaumen

12 große Trockenpflaumen (Kurpfl. aus dem Reformhaus) entsteinen, über Nacht in Rum ziehen lassen. Auf ein Sieb geben.

1 Banane schälen, längs halbieren, jede Hälfte in 6 gleichgroße Stücke schneiden. An den Enden etwas abrunden, mit Himbeeressig beträufeln und 10 Min. ziehen lassen.

Die Pflaumen innen mit Pfeffer ausstreuen, jeweils ein Bananenstück hineingeben. Mit reichlich Butter bepinseln, mit Semmelbrösel sparsam überstreuen, überbacken, bis die Brösel knusprig braun sind
Mit Petersilie und Zitronenscheiben garnieren.

Serviervorschlag:

Salat, Toastbrot oder Stangenbrot m. Butter u. Käse.
Oder mit Salzkräcker zu einem trockenen Sherry.
Variation: Auf die Brösel kann auch verzichtet werden.

Gemischter Salat zu Camembert-Baguette

Mandarinen-Spargel-Avocado-Salat

1 kleine Dose Mandarinen abtropfen lassen.
250g Spargel auf 4-5cm Länge schneiden, kochen.
1 Kopfsalatherz zerpflücken.

Vinaigrette zubereiten u. mit Mandarinensaft abschmecken. Siehe Seite 113.

4 Portionsteller zuerst mit Blattsalat auslegen, darauf die Spargelstücke und die Mandarinen füllen.

Vor dem Servieren

2 Avocados halbieren, die Steine herausnehmen und das Fruchtfleisch mit einem Kugelausstecher in kleinen Kugeln auslösen, mit Zitronensaft beträufeln und auf die Salatmitte schichten.

Den Salat mit der Marinade überziehen und die Avocadokugeln mit ein wenig Pfeffer übermahlen.
Je nach Belieben kann natürlich auch ein anderer Salat eingesetzt werden.

Camembert - Baguette

12 - 16	Baguette - Scheiben werden mit einer
Kräuter -	Knoblauchbutter bestrichen und je mit
1	Scheibe Camembert belegt.
	Auf ein Backblech legen und im vorgeheizten Backofen bei 210°C kurz überbacken.

Die Salatteller eindecken, dazu Camembert-Baguette reichen.

Pikanter Fruchtsalat mit fruchtigen Rösti-Happen

Für den Salat

200 g gekochten, in Stücke geschnittenen Spargel.
200 g Weintrauben, blau, halbiert, entkernt,
2 Döschen Mandarinen abtropfen lassen,
2 Äpfel schälen, würfeln, mit
2 EL Zitronensaft beträufeln.
Die Zutaten mischen.

Gorgonzola-Sahne-Soße

1 kleiner Becher Creme fraîche mit
2 EL Cognac oder Weinbrand mischen,
80-100 g Gorgonzola zerkleinern, zufügen, glatt rühren, so dass eine sämige Soße entsteht.

30 g Mandelstifte oder gehackte Nüsse in einer

beschichteten Pfanne ohne Fettzugabe goldgelb rösten.
Eine Platte oder Schale mit zerpflückten Salatblättern auslegen, die Salatzutaten darauf verteilen. Die Salatsoße darüber ziehen und mit Mandelstiften bestreuen.
Mit Petersilie und blauen Weintrauben ausgarnieren.

Fruchtige Rösti-Happen

2 Kiwis schälen und in jeweils 4 Scheiben schneiden, Portwein darüber träufeln und 1 Std. ziehen lassen.
8 tiefgefrorene Rösti-Ecken lt. Herstellungsangaben zubereiten.
4 Scheiben Gouda oder Tilsiter Käse in Größe der Rösti-Ecken schneiden. Die Ecken je mit einer Käsescheibe u. einer abgetropften Kiwischeibe belegen.
Variation: Zu den Rösti-Ecken kann auch ein anderer Salat gereicht werden.

Vegetarische Delikatessen mit Blätterteig

Blätterteigkörbchen mit Gemüsefüllung

f. 4 Portionen

220 g Blätterteigscheiben auftauen lassen.
Auf einer bemehlten Arbeitsfläche
4 8,5 cm x 8,5 cm große Teigstücke ausschneiden und auf ein mit Backpapier belegtes Backblech legen.

Die Ränder mit Eigelb bestreichen.
Aus den Teigresten Streifen schneiden und die Ränder der Quadrate damit belegen. Mit Eigelb bepinseln. Im vorgeh. Backofen bei ca. 210 °C etwa 10 Min. backen.

Die Blätterteigkörbchen können wahlweise direkt vor dem Verzehr abgebacken oder schon am Vortag gebacken und vor dem Verzehr wieder aufgebacken werden.

Gemüsefüllung

Für 4 Portionen rechnet man etwa
700 - 800g Gemüse.
Je nach Belieben kann zwischen den verschiedenen Gemüsearten gewählt werden.

Lauchfüllung

2 Lauchstangen in Scheiben und
2 Zwiebeln in Ringe schneiden, zusammen in
40g Butter dünsten, mit Salz und Pfeffer würzen.
80g Gorgonzola würfeln und mit dem Gemüse mischen.
Die Blätterteigkörbchen damit füllen und mit Kräutersoße, siehe Seite überziehen.

Mit Petersilie, Tomaten oder fritierten Zwiebelringen garnieren.

Blätterteigkörbchen mit Spargelvariationen

Gefüllt mit Spargel in Kräutersoße

4 Portionen

800 g Spargel in 3–4 cm lange Stücke schneiden, kochen und gut abtropfen lassen.
Kräutersoße herstellen, siehe Seite 12.
2 Tomaten enthäuten, entkernen und würfeln. Zusammen mit etwas gehacktem
Estragon und den Spargelstücken zur Soße geben und mischen. Die Blätterteigkörbchen damit füllen.

Vorbereitungsmöglichkeiten: Blätterteigkörbchen und die Soße können zur beliebigen Zeit zubereitet werden. Spargel auf Länge schneiden und frisch gekocht zur heißen Soße geben.

Variationsmöglichkeiten:

Auf die Tomatenwürfel verzichten. Die Soße mit Orangensaft abschmecken und mit Orangenscheiben und Petersilie garnieren.
Durch fritiertes Obst lässt sich das Gericht vervollständigen.

Statt in Blätterteigkörbchen kann die Füllung auf Blätterteigböden gelegt werden, die man mit einem Deckelchen krönt.
Hierfür werden Blätterteigböden von 10 X 10 cm und Deckel von 5 X 5 cm abgebacken.
Ca. 6 halbierte Spargelstangen werden auf die Böden gelegt, mit Soße überzogen und Deckelchen aufgelegt.

Gedünstete Spargelschnitzel

Spargelstangen in ca 1 cm lange, ganz schräggeschnittene Streifen schneiden.
Etwa 2 EL Butter erhitzen, Spargelschnitzel zufügen, leicht salzen und unter häufigem Wenden den Spargel gar dünsten. Er kann separat, zusammen mit Brot oder als Füllung gereicht werden.

Blätterteigpasteten mit Pilzfüllung

Füllung:

1 gehackte Zwiebel in
40 g Butter anschwitzen. Ca.
800 g Champignons trocken putzen, in Scheiben schneiden und etwa 5 Min. dünsten.
1 Bd. feingehackte Petersilie hinzufügen,
1 Becher Schmand unterrühren, erhitzen, mit
Salz, frisch gemahlenem schwarzen Pfeffer und
Zitronensaft abschmecken.

Das Pilzragout in Blätterteigkörbchen oder in die im Handel erhältlichen Blätterteigpastetchen füllen.

Geeignet zum Garnieren: Petersilie, Tomaten, Zitronen- oder Kiwischeiben, fritierte Birne mit Käsefüllung.

Blätterteigtaschen mit Camembert

240 g Blätterteigplatten (T·K Ware) in 8 ca. 10 x 10 cm große Quadrate schneiden.

Füllung:

600 g Lauch in Scheiben schneiden in
30 g Butter dünsten, mit Salz und Pfeffer würzen und abkühlen lassen.
200 g Camembert und
2 Scheiben Ananas in feine Würfel schneiden und mit dem Lauch mischen.
Die Füllung auf den Quadraten verteilen,
1 Ei verquirlen, die Ränder damit bestreichen und den Teig zu Dreiecken zusammenklappen. Ränder mit einer Gabel eindrücken und die Taschen mit restlichem Eigelb bestreichen.

Im vorgeheizten Backofen ca. 20 Min. backen bei 200°C.

Schlemmereien aus der Friteuse

Fritierte Früchte und Gemüse schmecken nicht nur gut, sondern geben einem Menü geradezu einen festlichen Charakter. Fritierte Schlemmereien sind zudem ideal zum Ergänzen und garnieren von kleinen Delikatessen.

Sie passen zu Käsegerichten, Blätterteig-pasteten, als Ergänzung zu Gemüsege-richten, Salaten und sind als Dessert stets willkommen.

Ausbackteig:

150g Mehl, 10EL Milch, 10 EL Wasser, 1 Pr. Salz, 1 TL Öl, 2 Eigelb

Die Zutaten miteinander verrühren.

Zubereitung verschiedener Gemüse

Sellerie kochen, schälen, in 1cm dicke Scheiben schneiden

Gemüsezwiebeln in grobe Ringe schneiden.

Blumenkohl nicht zu weich kochen, größere Röschen abtrennen.

Pilze trocken putzen.

Das vorbereitete Gemüse in den Ausbackteig tauchen, in Kokosraspeln oder Paniermehl wenden und fritieren.

Kirschen und Pfirsiche

Die vorbereiteten Früchte mit Küchenkrepp abtupfen, in den Ausbackteig tauchen, in Kokosraspeln wenden u. 2-3 Min. fritieren.

Fritierte Apfelringe

Große Äpfel schälen, das Kerngehäuse herausstechen, zu 1cm dicken Ringen schneiden, mit Zucker bestreuen und mit Rum beträufeln und durchziehen lassen. Die Apfelringe abtropfen lassen, in den Ausbackteig tauchen, fritieren, mit Zucker und Zimt bestreuen. Zu Vanillecreme oder Eis servieren.

Birnen mit Käsefüllung

Reife Birnen schälen, halbieren, vom Kerngehäuse befreien. Die Mitte etwas tiefer aushöhlen. Birnenhälften mit Zitronensaft beträufeln. Blauschimmelkäse o. Camembert fest in die Birnenöffnung drücken. Dann nacheinander in Mehl, einem verquirltem Ei und in Semmelmehl wenden.

Die Birnen können als Ergänzung zu Toastgerichten, zu pikantem Blätterteiggebäck und zu anderen kleinen Delikatessen gereicht werden.

Birnen mit süßer Füllung

Anstelle von Käse, können die Birnen mit Marzipan gefüllt werden. Die fritierten Birnenhälften können mit Cocktailkirschen garniert und mit Heidelbeerkompott oder Eis serviert werden.

Schusterjunge

Man nimmt hierfür sehr große Trockenpflaumen und ersetzt den Stein durch eine Mandel, danach taucht man die Pflaumen in den Ausbackteig u. man gibt sie anschließend in die Friteuse.
Mit Puderzucker und Zimt bestäuben.

Ananasringe

4 Ananasscheiben werden mit Küchenkrepp abgetupft, dann nacheinander in Mehl, Ei und Mandelblättchen gewendet und ca. 2-3 Min. fritiert.
Dazu schmeckt Vanilleeis und Himbeersoße.

Gekochte Eier im Sonntagskleid...

Eischeiben unterschiedlich belegt u. schuppenförmig angerichtet.

Gekochtes Ei längs halbiert, mit Eigelbmasse bespritzt.

... mit geräuchertem Lachs oder Forelle garniert.

... mit ein wenig Kaviar, Sardellenstreifen oder Thunfisch belegt.

Russische Eier

4 hartgekochte Eier halbieren, Dotter heraus-
lösen, mit
65g Doppelrahmfrischkäse, etwas Senf,
1-2EL Mayonnaise und frischen Kräutern mixen.
Die Masse in die Eihälften spritzen. Mit Kapern und gewiegter Petersilie garnieren, auf grünen Salatblättern anrichten oder auf einen Soßenspiegel setzen.

Salatsoße „American Dressing" (4 Portionen)

4 EL Mayonnaise, 2 EL Tomatenketchup,
4 EL Sahne, 2 EL Sherry, 1 EL Zitronensaft.
Alle Zutaten verrühren. Mit Barbecuesoße (in Flaschen als Fertigprodukt im Handel), Salz, Pfeffer und 1 Pr. Zucker abschmecken.

Gefüllte Eier

Hart gekochte Eier der Länge nach halbieren. Dotter herausnehmen und durch ein Sieb drücken.

4 EL Mayonnaise mit
6 Eigelb verrühren.

Je nach Belieben mit weiteren Zutaten mischen, wie Tomatenmark, gewiegter Petersilie, Senf, geriebener Käse, Sardellenpaste.

Eierpilze

Von den hart gekochten, abgepellten Eiern Kappen abschneiden. Tomatendeckel auf die Eier setzen und mit etwas Mayonnaise weiße Punkte aufspritzen. Salatblätter auf eine Platte legen, die Eier darauf anrichten. Oder man bedeckt die Platte mit Mayonnaise u. setzt darauf die Eier.

Eiersalat mit Mandarinen

2-3 Portionen

2 kleine Döschen Mandarinen
auf ein Sieb schütten.
4 hartgekochte Eier grob stückeln.
Salatsoße zubereiten, siehe „Russische Eier", Seite 167.
1 kleine Porreestange oder 2 Frühlings-zwiebeln in Ringe schneiden.
Mandarinenspalten und Lauch mit der Salatsoße mischen.
Zum Schluss die Eier vorsichtig unter-heben und in eine Schale oder auf eine Platte füllen.

Register . . .

		Seite
A	Ananasringe, fritierte	57/164
	Apfelringe, fritierte	164
	Apfelschmarren	26
	Auberginen, fritierte	72
	Avocado, gefüllte	128/29
B	Basilikum - Spinatsuppe	87
	Bechamelkartoffeln	30
	Birnen - Canapè	142
	Birnen mit Käsefüllung, fritiert	164
	Birnen mit süßer Füllung, fritiert	165
	Blätterteigkörbchen m. versch. Füllungen	158/59
	Blätterteigkörbchen m. Gemüsefüllungen	156/57
	Blätterteigpasteten m. Pilzfüllung	160
	Blätterteigtaschen m. Camembert	161
	Blattsalat, grüner	113
	Brandteigkrapfen	126/27
	Brokkoli - Eier - Gratin	107
	Brokkoli Gerichte	94/95
	Brokkoli - Käse - Suppe	86
	Brotschnitte, pikante	29
	Bruschette	148
C	Camembert - Baguette	153
	Camembert - Birnen - Toast	143
	Camembert, gebacken	121
	Champignons, gefüllte	122
	Champignon - Tomaten Gemüse	102
	Chili - Champignons	58
	Crepes m. Spargel gefüllt	76
	Curryreis, gratiniert	60
	Curryreis mit fritierten Ananasringen	56
E	Eier - Champignon - Pfanne	19
	Eier - Erbsen - Frikassee	15
	Eier Florentiner	14
	Eier, gefüllte	168

		Seite
E	Eierfrikassee m. Gemüse	106
	Eier im Sonntagskleid	166
	Eierpfannkuchen	20
	Eierpfannkuchen mit Kartoffelscheiben	21
	Eierpfannkuchen mit Nudeln	21
	Eierpfannkuchen mit Spinat	21
	Eierpfannkuchen mit Pilzfüllung	78
	Eierpilze	168
	Eier pochierte	9
	Eier pochierte auf Blattspinat	104
	Eiersalat mit Avocado	13
	Eiersalat mit Mandarinen	169
	Eier „Russische"	167
	Energie u. Nährstoffwerte	83/90
F	Folienkartoffeln	97
	Forellenfilets	134
	Fruchtsalat, pikanter	154
G	Gemüsebrötchen	141
	Gemüseeierpfanne	110
	Gemüsekuchen mit Brotboden	146
	Gemüselasagne	50
	Gemüse, leichter Genuss	91/92
	Gemüsepfanne	74
	Gemüse - Reis - Topf	53
	Gemüserisotto	108
	Gemüsesuppe	84
	Gemüsesuppe, schnelle	88
	Gemüse mit vegetarischen Füllungen	64
	Gorgonzolasoße	10/154
	Gnocchiteig	38
	Gnocchi auf Gemüsebett	41
	Gnocchi, gratinierte	40
	Gnocchi mit Knoblauch	39
	Gratinierte Bandnudeln	52
	Grundsoße	23

		Seite
H	Hefepütterchen	23
K	Kaiserschmarren	27
	Kartoffel, gefüllte	42
	Kartoffel - Gemüse - Auflauf	32
	Kartoffel - Gemüse - Gratin	34
	Kartoffel - Gratin mit Pilzen	35
	Kartoffelfrikadellen	99
	Kartoffelmaultaschen	47
	Kartoffel mit Stippe	96
	Kartoffel - Pizza	44
	Kartoffel - Salat	133
	Kartoffel, überbackene	98
	Käse, gebacken	120
	Käsehappen, gebacken	139
	Käsekartoffeln	37
	Käsesoße	11
	Käsetaler auf Tomatenragout	138
	Kohlrabi - Ragout	61
	Kohlrabi mit Lauch - Käsefüllung	64
	Kohlrabitaler	70
	Knödel mit Rahmpilzen	103
	Krabbencocktail	123
	Kräuterkartoffeln	31
	Kräuterreis mit Camembert	112
	Kräutersoße	11
L	Lachs - Crêpes mit Spargel	136
	Lauchgemüse	101
	Lauch - Käse - Flan	124/125
	Lauch - Mandarinen - Toast	144
	Lauch - Nudeln	48
	Lauchtorte	45
M	Melonencocktail auf Dillsoße	130
	Möhren - Brokkoli - Gratin	111
	Möhren - Kohlrabi - Gemüse	93

		Seite
M	Möhren Salate, gemischte	115
	Möhrensuppe	85
	Mozzarellakartoffeln	36
N	Nudelauflauf mit Käsesoße	51
	Nudeln mit Gemüse u. Schafskäse	47
	Nudelgericht, schnelles	46
	Nudelsuppe	89
O	Omelett	22
P	Palatschinken	24
	Pfannkuchen, überbackene	78
	Pilz-Canapè	147
	Pilze, gebratene	100
	Pilz-Gemüse-Risotto	52
R	Ragout mit Meeresfrüchten	62
	Reisauflauf, fruchtiger	53
	Reis mit Pilzen	109
	Reis mi Spargel	109
	Reistopf, bunter	55
	Rösti-Happen	155
	Rührei	16
S	Salat, bunter	139
	Salat, gemischter	152
	Schlemmereien aus der Friteuse	162/63
	Schlemmerschnitte	145
	Schwarzwurzeln, fritierte	73
	Sellerie-Käse-Toast	146
	Sellerieschnitzel mit Käsefüllung	68
	Sonntagstoast	17
	Spargelschnitzel, gedünstete	159
	Spätzle, bunte	49
	Spiegeleier „Straßburg"	105
	Spinatauflauf	71

		Seite
S	Soßen:	
	Amerikanische	12,/167
	Gorgonzola-Soße	12
	Käsesoße	11
	Kräutersoße	11
	Senfsoße	11
	Tatarensoße	12
	Tomatensoße	11
T	Thunfischhappen	150
	Tomatenbruschetta	149
	Tomaten mit Eier-Salat-Füllung	132
	Tomaten mit Füllung	18
	Tomaten mit Mozzarella	67
	Tomaten-Paprika-Reis	57
	Tomaten, überbackene	66
	Weißkohlsalat	114
Z	Zwiebackschnitte	28
	Zwiebelauflauf	75
	Zwiebelbrötchen	140
	Zwiebel, gefüllte	69
	Zwiebel-Tomaten-Kuchen	75

Notizen